シリーズ「古代文明を学ぶ」

古代オリエント
ガイドブック

安倍雅史
津本英利 ［編］
長谷川修一

新泉社

目次

シリーズ「古代文明を学ぶ」

古代オリエントガイドブック

安倍雅史・津本英利・長谷川修一 編

監修
西秋良宏

編集委員
安倍雅史
松本雄一
庄田慎矢
下釜和也

01 古代オリエントとは

みなさんは「古代オリエント」というと、どのような地域と時代を思い浮かべるでしょうか？本書で扱う「古代オリエント」とは、おおむね東はパキスタンから西はトルコまでの西アジアを中心とした、エジプトなど北アフリカの一部も含む地域を指しています。「オリエント Orient」とはラテン語で「東」を意味する言葉で、「中近東」という地域呼称とほぼ同じ意味です。ただし、海外で単に「Orient」といった場合は、中国や日本までを含むアジア全域を指す場合もあります。†「オリエント」も「中近東」も、元来はヨーロッパからの主観に基づく呼称です。このため、最近では中立的な「西アジア」とよぶことが多くなっています。「オリエンタリズム†」という概念が示すように、「オリエント」という語には、ヨーロッパ（西洋）文明と対比しての他者という意味合いが込められていました。それは「西洋」（欧米）人の自己優越感とむすびついてきた過去があります。キリスト教の多大な影響を受けてきた西洋は、キリスト教誕生の背景である古代オリエントは自身の起源とする一方で、同じオリエントの地に7世紀以降存在しているイスラーム†を異質なものととらえ、古代オリエントとイスラームを分断してとらえてきました。†こうした歴史観は、西洋勢力の世界進出に伴い、20世紀後半まで支配的でした。その結果、古代オリエント↓ギリシア・ローマ↓中世ヨーロッパとつなげる歴史記述が今も日本の学校教育でおこなわれています。こうした歴史観

†オリエントと東洋、アジア　日本語で「東洋」あるいは「アジア」と言った場合に、そこに西アジアが含まれることは一般には少なかったことと対照的である。

†オリエンタリズム　パレスチナ出身の批評家E・サイードによる概念。西洋人にとっての他者であり、元来は憧れの対象であった「東洋」に対して、彼らが優越感に基づいて仮託した、ときに空想的・好奇的な趣味・嗜好のこと。

†イスラーム　「イスラーム教」という呼称は、本来政治

への反省から、オリエントという用語は最近の学界では避けられる傾向にありますが、広く社会に定着しているのも事実であることから、本書でも使用します。

「古代オリエント」は、時代的にはメソポタミアやエジプトに世界最古の文明が誕生した前3500年ごろから、イスラームが始まる7世紀までを指しています。古代オリエント文明の後世への影響は圧倒的なものがあります。文字の誕生、社会の複雑化による都市や国家、法律の誕生、金属やガラスなどさまざまな技術的発明、多様な民族を束ね広大な地域を支配する帝国、普遍的な宗教など、これらはいずれも世界に先駆けてこの地域で誕生しました。古代オリエント文明は、ヨーロッパをはじめとする周辺地域に長らく影響を及ぼし続けており、ギリシア・ローマ文明も、古代オリエント文明から枝分かれした文明といえます。ドイツの哲学者ヤスパースが「枢軸《すうじく》時代」†の概念で指摘する、人類史上の精神的変革の多く、そしてそこから発達したキリスト教、イスラーム、仏教といった普遍宗教は、古代オリエントで成立・発展したものです。古代オリエント文明は、一見現代とは無関係に思われますが、その影響はあちこちに続いているのです。

古代オリエント地域内では、チグリス・ユーフラテス川、ナイル川、インダス川という大河川流域でそれぞれ独自の文明が誕生しましたが、これら三大文明はその成立以前からすでに資源の交易などで交渉を持っていました。それらの間の地域は単なる「交易のための通り道」だったわけではなく、文明地域の影響を受けつつ独自の文化を発達させました。本書では、上記の三大文明についての解説は概要に留め、その周囲の地域について詳しく見ていきます。前6世紀、イラン高原に興ったアケメネス朝ペルシアが、ギリシアからパキスタンに至る広大な領域を統一しましたが、これは古代オリエント世界の統合といえる出来事でした。

【安倍雅史・津本英利・長谷川修一】

や社会関係までをも規定する文明体系であるイスラームの、宗教的側面のみを強調しているとして、近年の学界ではしばしば「教」を付けずに表記する。

†古代オリエントとイスラーム　同じ地域を扱っているにも関わらず、古代オリエント史はおもに西洋史専攻、イスラーム史は東洋史専攻に属することが多いという、日本の大学組織の状況に反映されている。

†枢軸時代　現代に続く哲学・思想が、前500年の前後約300年間に集中してユーラシア大陸各地で個別的に出現する現象を指す。ここで関係する思想・思想家は、孔子や老子など中国の諸子百家、南アジアのウパニシャッド哲学や仏教、イランのゾロアスター教、古代イスラエルの預言者たち、そして古代ギリシアの哲学者などである。

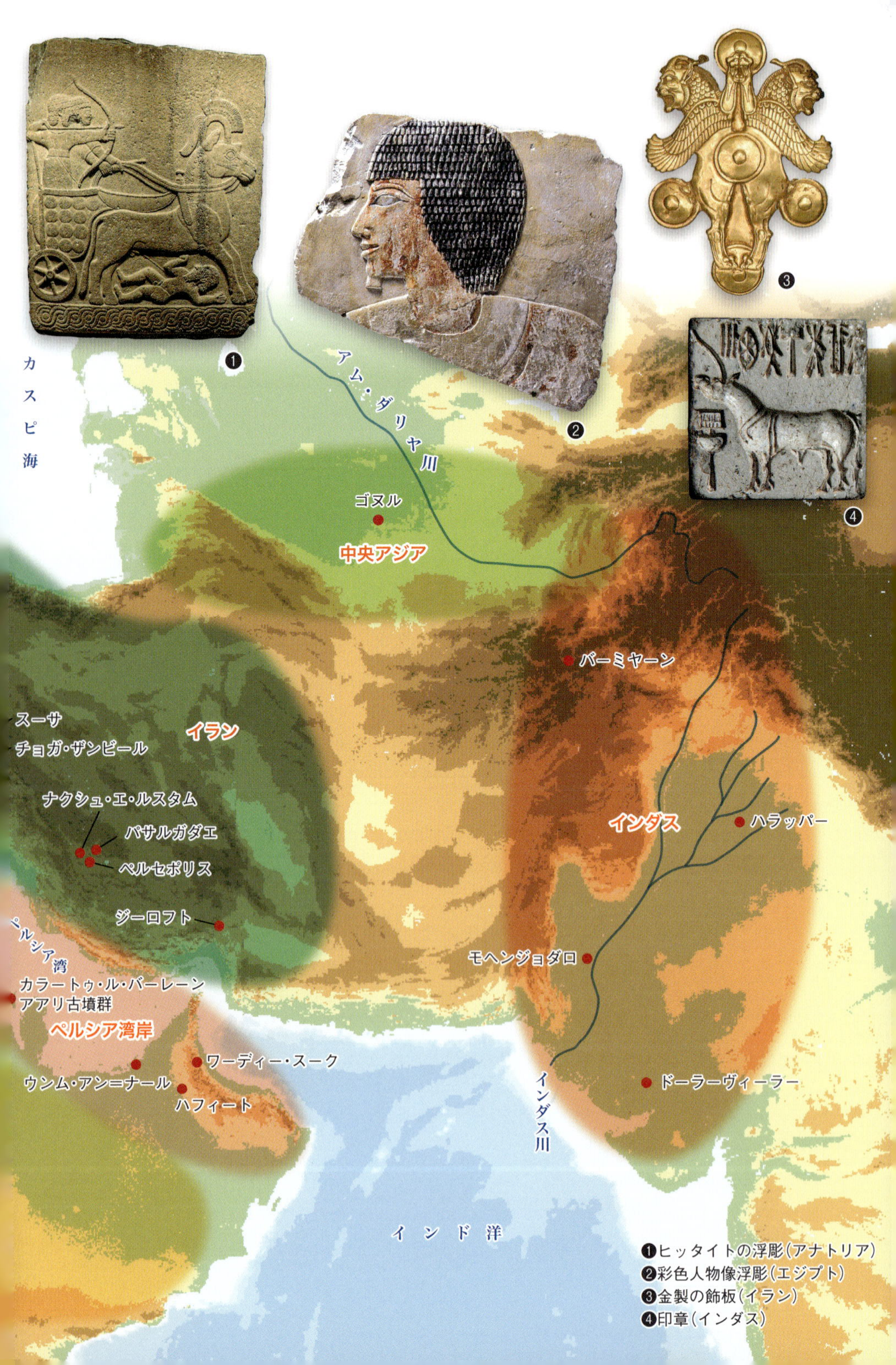

❶ヒッタイトの浮彫（アナトリア）
❷彩色人物像浮彫（エジプト）
❸金製の飾板（イラン）
❹印章（インダス）

01 古代オリエント文明を構成する地域

本書では、古代オリエントに栄えた諸文明を紹介する。メソポタミア、エジプト、インダスに関しては、シリーズ「古代文明を学ぶ」においてそれぞれ単独で扱う。そのため本書ではこれら3文明に関しては基本的な記述にとどめ、その周辺に栄えた諸文明を「レヴァント」、「アナトリア」、「シリア砂漠・アラビア砂漠」、「イラン」、「ペルシア湾岸」、「中央アジア」に分けて紹介したい。

オリエント文明の地域と主要な遺跡

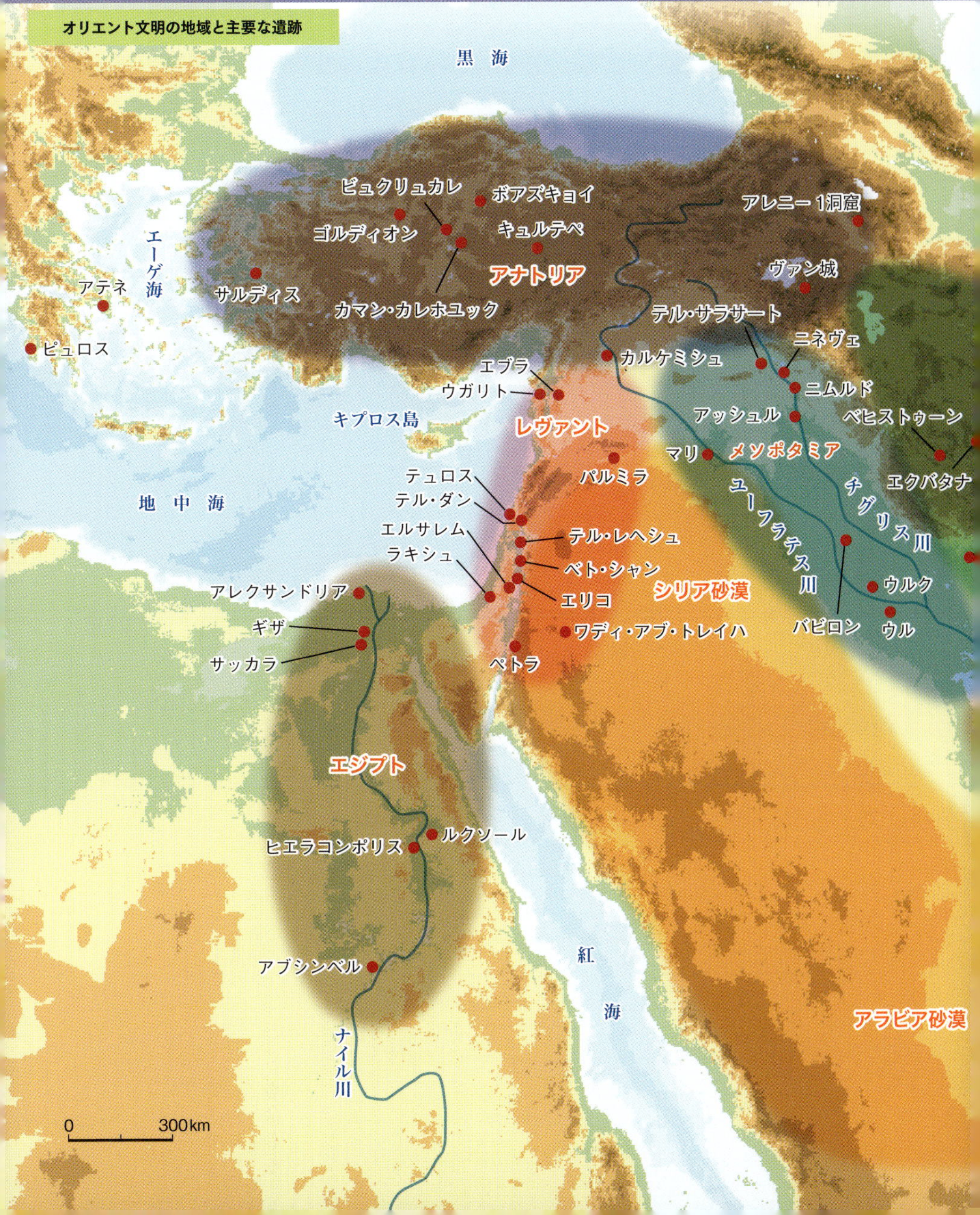

02 オリエントの気候と風土

オリエントは乾燥アジアに属し、暑く乾燥した夏季と、寒くわずかに雨が降る冬季を特徴とします。† 降雨も海岸部や山地周辺に限られ、大半の地域を砂漠が覆っています。そのため、乾燥に強いムギが栽培され、ヒツジ、ヤギが飼育されてきました。しかし、広大なオリエントの環境は地域ごとに異なるため、まずは本書で扱う地域をそれぞれ見ていきましょう。

エジプト文明が誕生したアフリカ北東部は、ほとんど雨が降らない砂漠です。しかし、その中央をアフリカ東部に源を発するナイル川が流れています。ナイル川は上流から豊富な水と沃土をもたらし、豊かな穀倉地帯と文明を育んできました。

地中海東岸のレヴァントは比較的降雨に恵まれ、天水農耕《てんすい》†が可能な地域が広がっています。3000メートル級のレバノン山脈がそびえ、ここで伐採されたレバノン杉はすぐれた建材としてメソポタミアやエジプトに運ばれました。

地中海と黒海、エーゲ海に囲まれたアナトリアは、乾燥した内陸部と、降雨が比較的多い黒海沿岸、陽射しが強く果樹栽培に向いた地中海沿岸、そして険しい山が多く冬は積雪に閉ざされる東部と、多様な環境が混在しています。また、鉱物資源にも恵まれています。

メソポタミアは、オリエントの中央に位置します。メソポタミア北部は比較的降雨に恵まれ天水

†**モンスーン・アジアと乾燥アジア**　私たちが暮らす日本は、モンスーン・アジアに属し、豊かな水と森、稲作文化を特徴とする。モンスーン・アジアには、東アジア、東南アジア、南アジアが含まれる。一方、本書で扱うオリエントは降水量が非常に少ない乾燥アジアに属している。

†**天水農耕と灌漑農耕**　天水農耕をおこなうには、250ミリ以上の年間降水量が必要である。灌漑農耕をおこなうには労力が必要だが、天水農耕に比べ単位面積あたりの収穫量がきわめて高いことが知られている。

農耕が可能な一方、年間降水量が200ミリに満たないメソポタミア南部では、アナトリア東部に源流を持つチグリス川とユーフラテス川の水を利用した灌漑《かんがい》農耕がおこなわれてきました。

アラビア半島は巨大な半島で、その大半を砂漠が覆っています。しかし、この地には、ヒツジ、ヤギ、ラクダを飼育し、わずかな水と草地を求めて移動する遊牧民が暮らしてきました。

イラン高原は、ザグロス山脈やアルボルズ山脈、ヒンドゥークシュ山脈などに囲まれた標高1000メートル前後の乾燥した高原です。この高原と周辺の山々は銅や銀、ラピスラズリなどを産出し、これらの商品は広く古代オリエントで流通しました。

メソポタミアとインダスをむすぶ海洋交易の舞台となったペルシア湾では、ほとんど雨が降りません。しかし、湧水に恵まれたペルシア湾南岸は交易ルートとして好まれ、海洋交易に基盤を置いた文明が誕生しました。

中央アジアでは、南の山脈や高原に降った雨水や雪解け水がアム・ダリヤ川やムルガブ川となって北流し、大地を潤しています。これらの河川は、オクサスとよばれる文明を生み出しました。

インダス文明は、ヒマラヤに源を発するインダス川が育んだ文明です。この文明は、インダス川が作り出した肥沃な沖積地が広がるインダス平原を中心に栄えました。

このインダス平原が、オリエントの最東端となります。これより東には、気候、風土、文化がまったく異なるモンスーン・アジアの世界が広がっています。

このようにオリエントは、私たちが暮らす日本に比べ、はるかに乾燥しています。そのため、地球規模の気候変動が起きた際、その影響はより深刻だったようです。とくに、4・2kaイベント、3・2kaイベント†とよばれる気候変動は、この世界に大きな影響をもたらしました。

【安倍雅史・津本英利・長谷川修一】

†4・2kaイベントと3・2kaイベント kaとはkiloannumの略号で、kiloはギリシア語から派生した「1000」、annumはラテン語で「年」を意味する。例えば、4・2kaとは4200年を意味する。4・2ka、3・2kaとは、それぞれ4200年前、3200年前に起きた地球規模での気候変動で、長期にわたる大旱魃がオリエントを襲ったことが知られている。

⑪アナトリア東部のアララト山：標高5137m のアララト山は真夏でも雪に覆われている。

⑤メソポタミア南部に広がる湿地帯

中央アジア

⑩中央アジアを流れるアム・ダリヤ川

⑨ヒンドゥークシュ山脈山中のバーミヤーン遺跡：標高は 2500mと高く、夏は冷涼、冬は雪に覆われる。

インダス

⑧インド西部を流れるインダス川

イラン

⑦ザグロス山脈山中のペルセポリス遺跡

ペルシア湾

⑥ペルシア湾に浮かぶバーレーン：穏やかな海が広がり、真珠の産地としても知られている。

02 オリエントの景観

オリエントは、西はエジプトから東はパキスタンまで、その範囲は東西4000kmに及ぶ。そのため、環境は地域ごとに大きく異なる。前3500年をすぎると、オリエント各地にそれぞれの気候、風土に根差した特徴的な古代文明が誕生する。

アナトリア

⑫中央アナトリア高原：写真奥にクズルウルマック（赤い河）が流れている。

レヴァント

①レバノン山脈：群生するレバノン杉は、建材や船材としてメソポタミアやエジプトに運ばれた。

エジプト

②ナイル川とギザの3大ピラミッド

アラビア半島

③アラビア半島におけるラクダの遊牧

メソポタミア

④メソポタミア北部を流れるユーフラテス川

03 日本の研究者による調査の歴史

日本の研究者による古代オリエントを対象にした調査は、１９５６年の東京大学イラク・イラン遺跡調査団によるメソポタミア北部（イラク北部）のテル・サラサート†の発掘調査にさかのぼります。この調査は日本による戦後初の海外発掘調査で、日本の戦後復興を象徴する一大事業でした。騎馬《きば》民族征服王朝説《みんぞくせいふくおうちょうせつ》†で有名な江上波夫《えがみなみお》が団長を務め、考古学や美術史、人類学など多様な専門分野から選抜された12名の研究者が参加しました。第1次調査は、１９５６年の8月から丸一年に及びました。

この大事業の実現に向けて、国費のみならず、民間から多額の寄付がありました。寄付金の総額は１７００万円にのぼり、ランドクルーザーや発掘機材、文房具、缶詰や醤油までもが調査団のもとに送り届けられたのです。

鍬入れ式には、昭和天皇の末弟で古代オリエント史の研究者であった三笠宮崇仁親王《みかさのみやたかひとしんのう》が参加しています。調査団にはカメラマンが同行し、ドキュメンタリー映画を制作、１９５７年に公開され話題になりました。テル・サラサートの発掘調査は、まさに国をあげての一大事業だったのです。

調査団の派遣に際し、江上が研究テーマに掲げたのが、「農耕の始まり」の解明でした。この地に広がる肥沃な三日月地帯†は、世界に先駆けて農耕・牧畜が始まった場所です。この時すでに、欧

†テル・サラサート　テルとは、アラビア語で人々が数百年、数千年同じ場所に住み続けたことによって形成された人工的な丘のことをいう。ペルシア語ではテペ、トルコ語ではホユックなどという。日本語では遺丘などと訳される。テル・サラサートは、「3つの丘」を意味する。

†騎馬民族征服王朝説　東北アジアの騎馬民族が4、5世紀に日本に襲来し、征服王朝を打ち立てたとする仮説。戦後、江上が提唱し、学界のみならず一般社会でも大きな反響をよんだ。

†**肥沃な三日月地帯**　メソポタミア南部をとりまく丘陵部で、世界に先駆けて農耕・牧畜が始まった場所として知られる。

米の調査団が１００年以上にわたりメソポタミア文明の遺跡を発掘していたため、江上は華やかな文明の研究を避けたのです。新規参入した日本の研究者が存在感を示せるテーマとして選んだのが、研究始まって間もない「農耕の始まり」だったのです。

それから65年以上の歳月が流れました。さまざまな大学や研究機関が新たに参入し、先達の調査団で経験を積んだ若い研究者が次々に独立していった結果、いまでは20を超える日本の調査団が、西アジア、中央アジアのほとんどの国で発掘調査をおこなっています。研究テーマも多様化しました。いまや日本のお家芸となった「農耕の始まり」はもちろん、「人類の進化と拡散」、「文明の誕生」、「帝国の形成」などのテーマでも、日本の研究者は国際的な成果をあげています。日本の調査団による成果はしばしば現地のメディアをにぎわし、研究者が講演のために欧米の大学や博物館に招待されることもめずらしくありません。いま日本の研究者による古代オリエントの現地調査は、かつてないほどの盛り上がりをみせているのです。

また、日本の研究者が活躍しているのは、発掘調査だけではありません。紛争や震災などによって被災した文化財を保護する活動にも、積極的に乗り出しています。２００１年にタリバンによって大仏が爆破されたアフガニスタンのバーミヤーン遺跡では、長年、山内和也（元東京文化財研究所、現帝京大学文化財研究所）が中心となって保存修復などに取り組んできました。また２０１５年にＩＳ（自称「イスラム国」）によって破壊されたシリアのパルミラ遺跡では、長年同遺跡で発掘調査を指揮してきた西藤清秀（奈良県立橿原考古学研究所）が中心となって、被災文化財の修復や現地の保存修復家の人材育成をおこなっています。

【安倍雅史・津本英利・長谷川修一】

日本の研究者による今日の活動

⑤**カマン・カレホユック（トルコ）の発掘調査：**アナトリア中央部に位置する同遺跡では、大村幸弘を中心に、1986年以来、考古学や関連諸分野の研究者も加わった国際的かつ学際的な調査体制の下、1万年にわたる精密な文化編年の構築を目指した発掘が続けられている。

⑥**ワディ・アブ・トレイハ遺跡（ヨルダン）の発掘調査：**金沢大学の藤井純夫は、1995年から30年近くにわたり、シリア砂漠、アラビア砂漠という過酷な環境のなかで発掘調査をおこない、この地に暮らす遊牧民の起源を追究している。

⑦**サッカラ遺跡（エジプト）の発掘調査：**金沢大学の河合望率いる日本・エジプト合同調査隊は、2016年より同遺跡の調査を開始し、2019年にはグレコ・ローマン時代のほぼ未盗掘のカタコンベを発見した。最近の調査では、初期王朝時代、新王国時代の墓も検出されている。

⑧**テル・レヘシュ（イスラエル）で発見されたシナゴーグ跡：**2006年より日本の調査団が発掘調査をしているイスラエルのテル・レヘシュでは、後期鉄器時代の大型建築遺構、イスラエル国内でも希少な、前1世紀にさかのぼるシナゴーグ（ユダヤ教の会堂）跡などが見つかっている。

被災した文化財の保護活動

2011年以来、内戦が続くシリアでは、数多くの貴重な文化財が被災している。とくに2015年、ISによる世界遺産パルミラ遺跡の破壊のニュースは日本国内でも大々的に報じられた。長年、パルミラで発掘調査を指揮してきた奈良県立橿原考古学研究所の西藤清秀は、「シルクロードが結ぶ友情プロジェクト」を立ち上げ、シリアの文化財の復興に尽力している。

⑨ISにより顔、目を中心にハンマーで打ち砕かれたパルミラ博物館所蔵の彫像

⑩「シルクロードが結ぶ友情プロジェクト」の一環として修復された彫像（左：修復前、右：修復後）

03 日本の研究者による古代オリエントの追求

日本の研究者による古代オリエントを対象にした現地調査は、1956年の江上波夫によるイラクのテル・サラサートの発掘調査を嚆矢とする。それから、65年以上の月日が流れ、日本の研究者による現地調査は最盛期を迎えている。また現在、日本の研究者は、紛争や震災によって被災した文化財を保護する活動にも積極的に貢献している。

日本隊による現地調査がおこなわれた遺跡：現在西アジア、中央アジアのほとんどの国で日本の研究者が発掘調査をおこなっている。

現地調査の礎を築いた２人の巨人

②テル・サラサートに設営された宿舎

①江上波夫：1906年に山口県に生まれた。東京大学に進学し匈奴を研究、卒業後は内モンゴルや満州で活躍した。1956年に東京大学イラク・イラン遺跡調査団を立ちあげ、「農耕の始まり」をテーマに10年にわたり発掘調査を指揮した。1967年に退官したのちも、シリアなどで発掘調査を継続し、モンゴルではチンギス・カンの墓を探す事業をおこなった。1991年には文化勲章を受章し、2002年に亡くなるまで精力的に活動した。

③三笠宮崇仁親王：1915年に大正天皇の皇子として生まれた。軍人となったが、戦後、戦争への反省から歴史を志し、古代オリエント史を専攻した。皇族としてはじめて大学の教壇に立ち、数多くの著作を発表、テレビやラジオにも積極的に出演した。東京大学イラク・イラン遺跡調査団の立ちあげにも深く関与したほか、日本オリエント学会や中近東文化センターを創設するなど、日本の古代オリエント研究の礎を築いた。

④テル・サラサートで鍬入れ式をおこなう三笠宮崇仁親王と江上波夫

04 古代オリエントにおける農耕・牧畜の起源

数百万年もの間、自然の恵みに頼って暮らしてきた人類にとって、自らの力で日々の糧を生み出すという営み、すなわち農耕や牧畜の始まりは、歴史の転換点の一つでした。農耕・牧畜の技術がなければ、人々の集う都市が築かれることも、文明社会が誕生することもなかったでしょう。とはいえ、望ましい植物がよく育つように周りの植物を取りのぞくといったような、効率的に食料を入手するための生態系への介入は、太古の昔からくり返されていたはずです。どのような行為からを農耕・牧畜と見なすべきか、という問題もあって、その起源を厳密に特定するのは困難です。

ただし、現代の私たちと同様、農耕・牧畜の産物に食料を依存する生活が、オリエントで始まったことは間違いなさそうです。その舞台は、後に最古の都市文明が発祥するメソポタミア南部を取り巻く丘陵部で、「肥沃な三日月地帯」とよばれています（第3章注釈参照）。適度な降水と豊かな緑に恵まれたこの地帯には、コムギ、オオムギやマメ類などの栽培に適する植物が自生し、ヤギ、ヒツジ、ウシ、イノシシ（ブタ）といった飼育に適する動物が棲息していました。オリエントの農耕・牧畜は、こうした動植物を管理し、飼い馴らすことから始まります。

前1万3000年ごろには、長い間一定の場所に留まりつつ、それらをはじめとした特定の動植物を狙って狩猟・採集をおこなう人々が現われました。そして、前9500年ごろに氷河期が終わると、堅牢な住居の密集する集落が築かれ始めます。移動をくり返さなくなった住人たちは、必要な資源の多くを周囲の環境のなかに求めました。当然、大切な食料資源となる、近隣の植物や動物への介入を強めたはずです。土を耕し種を播く、あるいは餌を与え繁殖を統御するといったような、本格的な農耕や牧畜も始まっていたかもしれません。

そうした営為を決定的に証明する、形態的に変化を遂げた栽培種・家畜種の動植物は、前9000年ごろに登場します。ただし、その数はわずかで、遺跡で見つかる植物の種子や動物の骨は野生種のものが圧倒的な割合を占めます。どうやら、当初の農耕や牧畜は、食を支える不可欠な営みというわけではなく、あくまで補助的な役割にとどまっていたようです。農耕・牧畜は日々の食料を賄うために始まったのではない、とする意見もあります。

しかし、人々は徐々に農産物や畜産物への依存を高めていきました。前8000年をすぎると、野生種よりも栽培種のムギ、家畜種のヤギ・ヒツジなどの骨が多く出土する遺跡が出現します。世界ではじめて、農耕・牧畜を生業とし、自ら食料を作り出すことで暮らしを支えた人々の証拠です。前7000年までには、こうした農耕牧畜民の集落が「肥沃な三日月地帯」の至るところでみられるようになりました。

数千年もの年月をかけて「三日月地帯」に定着した農耕・牧畜の営みは、前6500年ごろに始まるメソポタミア南部の開発を可能にしました。そして、「三日月地帯」の外側にも広がっていきます。前7000年ごろには早くもインダス川流域に、エジプト・ナイル川流域へは前5200年ごろに及び、各地で発生した文明の礎が整えられていったわけです。

【小髙敬寛】

四大家畜

ヒツジ・ヤギ・ウシ・ブタは、いずれも「肥沃な三日月地帯」ではじめて家畜化された動物である。現在、これらは世界の食肉消費量の約３分の２を満たしている。

⑥遊牧民の飼うヤギ
（トルコ）
⑦放牧中のウシ
（イラク・クルディスタン地域）
⑧ヒツジの群れと牧夫
（イラク・クルディスタン地域）

乳製品

家畜の乳を利用したと思しき証拠は、前8000～前7500年ごろから見つかりだす。生乳はヒトにとっては消化しづらい成分（乳糖）を含んでいるものの、バターやチーズなどに加工することでそのデメリットが軽減される。家畜から食料を得るにあたっては、肉として消費するよりもはるかに効率がよい。現在、世界中に広がった乳利用は、すべてオリエントに起源すると考えられている。

⑨現代シリアのヨーグルト料理

⑫ビール醸造址
（エジプト、ヒエラコンポリス遺跡）

⑩現代トルコの店頭に並ぶチーズ

04 オリエントから世界の食卓へ

「肥沃な三日月地帯」で始まった農耕・牧畜の営みは、前3000年ごろまでにヨーロッパ大陸の大半に普及し、ユーラシア大陸西部の主要な生業となった。さらに、16世紀の大航海時代に始まる西洋文明の波及によって、現在、世界中の人々の食生活を支えるに至っている。

コムギ・オオムギとパン

ムギ類の栽培はオリエントで始まるが、それ以前から野生種のムギが大量に採集され、食されていた。遺跡からは、収穫に用いた鎌、ムギを挽いた臼、現代のものとそっくりなパン焼き竈（かまど）なども見つかる。

①現代シリアのコムギと小麦粉

②コサック・シャマリ遺跡（シリア） 出土、前5000年ごろの石器製の鎌刃

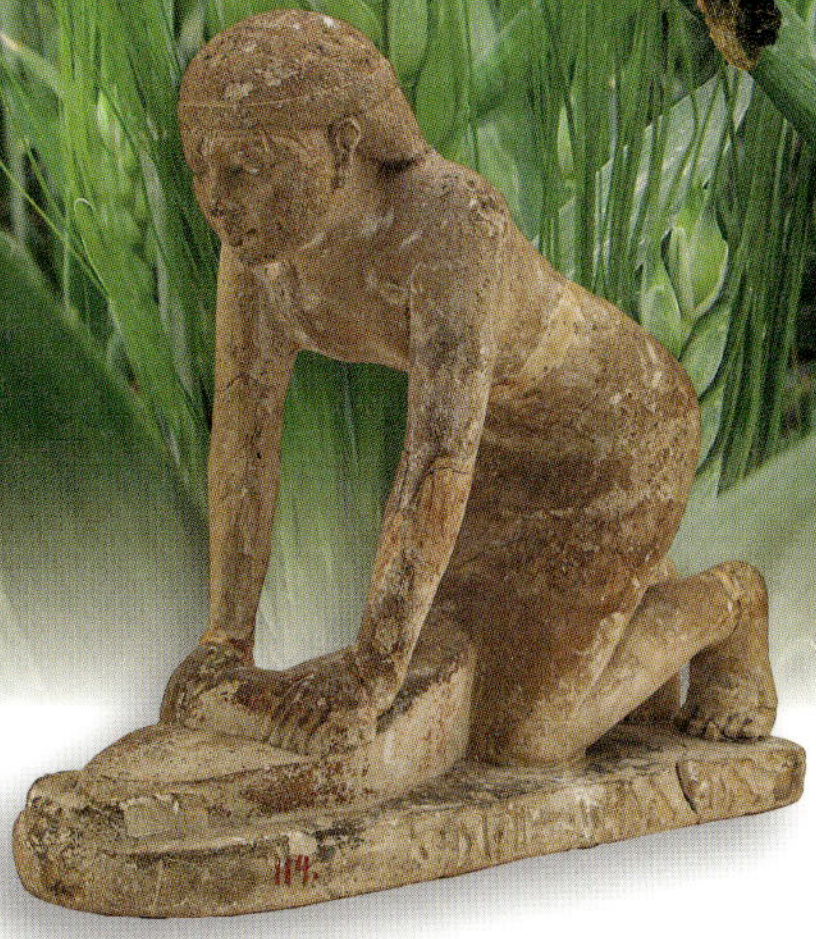

③製粉する人物像（エジプト古王国時代）

④テル・ガーネム・アル＝アリ遺跡（シリア）出土の炭化したオオムギ

⑤現代シリアのパンづくり

TOPIC ワインとビール

最古のワインの痕跡は南コーカサス地方のジョージアで見つかっており、前6000～前5800年ごろと推定されている。ビールは、古代メソポタミアにおいて栄養価の高い飲み物として重宝されていた。エジプトのヒエラコンポリス遺跡では、前3800～前3600年ごろのビール醸造址が発見されている。

⑪前4100年ごろの「ワイナリー」（アルメニア、アレニ-1洞窟）

05

メソポタミア
都市とともに生まれた文明

現在のイラクからシリアにかけて、チグリス川とユーフラテス川が流れる乾燥ステップ地帯が古代メソポタミア文明の舞台でした。その起源と発展は都市の成立と深く関わっていました。農耕牧畜民が暮らす小さな集落が散らばっていた先史時代を経て、前４０００年以降、数千〜数万人もの人口を擁する巨大な集落である都市が各地で出現しました。このころからラピスラズリ†などの貴石や金、銀、銅、木材といった資源が遠方との交易によって流通するとともに、都市の需要に応えるべく土器などの日用品の大量生産や金属生産の技術革新が相次ぎました。多様な資源を確保するために、当時の人々は周辺地域に商業ネットワークを張りめぐらせていたこともわかっています。ますます複雑になる社会や経済を円滑に運営するために、都市には王権や神殿、独自の文字を使う行政組織が生まれ、都市の基本構造ができあがりました。

前３千年紀に入ると、近隣の文明世界との物と人の交流がますます盛んになり、都市文化がさらなる発達を遂げました。メソポタミア南部のウルク†やウル、北部のニネヴェ†、マリやエブラなどといった数多くの都市国家が成長しました。やがてメソポタミア統一を目指すアッカド王国やウル第3王朝が台頭し、各地の文明世界が経済的にも政治的にもつながりあったのがこの時代です。都市遺跡で出土する粘土板文書《ねんどばんもんじょ》は、王国同士の贈品のやりとりや宗教儀礼から、覇権をめぐる戦争、そ

†ラピスラズリ　古代メソポタミアの人々がこよなく愛した鮮やかな青藍色の石。アフガニスタン北部の山岳地帯バダフシャンでしか採掘できない貴重な石材であった。

†ウルク　イラク南部に位置する古代遺跡。前３５００年ごろ、巨大な都市集落に成長した。叙事詩で著名なギルガメシュ王が治めたことで知られる。

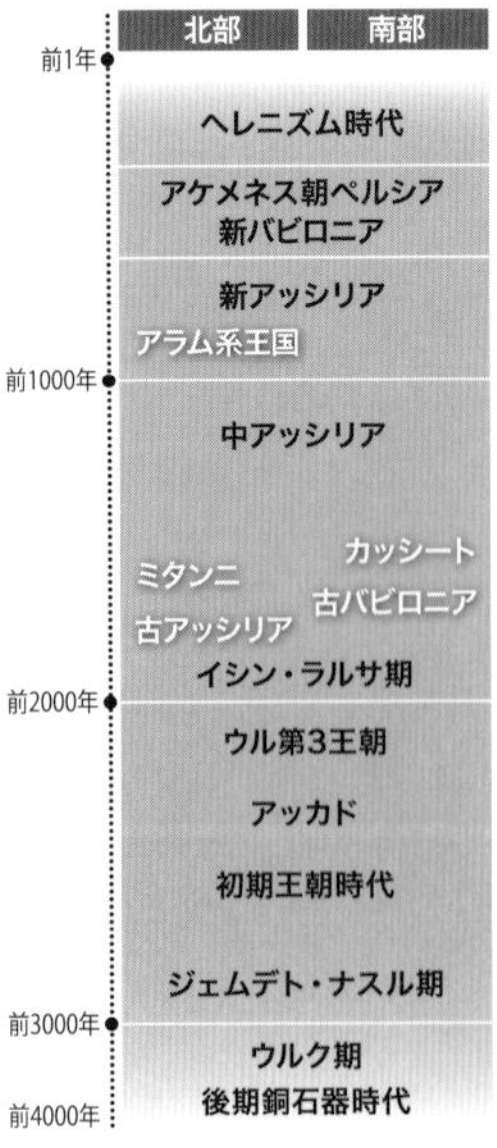

して日々の簿記記録まで、多岐にわたる都市生活の実像を物語っています。

順調に発展を続けるかにみえた都市社会も、前3千年紀末から前2千年紀初めには一時衰退したようです。4・2kaイベントによる気候の寒冷化をその原因とみる説もあります。その後、それまで都市文明の周縁にいたセム系遊牧民や山岳民も王朝を建てる時代が始まり、都市を基盤にした文明社会が再建されました。この時代には、古バビロニア†や古アッシリア†、ミタンニ、カッシート、中アッシリアといった、さらに広大な支配領域を誇る大国が興亡をくり返しました。メソポタミアの都市で生まれた文化は周辺の文明世界にも大きな影響を与えています。一方で大国が弱体化するとヒッタイト王国（第12章参照）やエラム王国（第17章参照）などの周辺世界から侵略を受けて、都市とその文化が局地的に滅んでしまうことも頻繁にありました。

続く前1千年紀前半は新アッシリア王国が急速に勢力を拡大した時代です。軍事遠征によって周辺の国々を平定し、広大な帝国を築きました。その支配の中枢は巨大な帝都にありました。カルフやニネヴェなど、広壮な宮殿や神殿が軒を列ねる前代未聞の新しい計画都市を建設したことが有名です。その後、アケメネス朝ペルシアが統一したオリエント世界（第19章参照）でも、古くからの都市が文明の遺産を継承しましたが、やがてそうした都市は消えて廃墟となり、新しい都市が新たな文明の時代を切り拓いていきます。

文明の原動力として繁栄と行く末を大きく左右したのは都市の盛衰であったと言ってよいでしょう。人類史上はじめて都市や文字を生み出したメソポタミア文明は、経済や政治から、宗教、文学、科学まで現代の私たちの文明のあり方にも大きな遺産を残しています。

【下釜和也】

†ニネヴェ　イラク北部のモースル市近郊に位置する古代遺跡。古くは新石器時代にさかのぼる遺跡だが、新アッシリア時代のセナケリブ王が帝都に定め巨大都市を築いた。

†古バビロニア　イラク南部の都市バビロンを都として、前20～前16世紀ごろにメソポタミア南部を統治した。法典の制定者ハンムラビ王が有名。

†古アッシリア　イラク中北部の古代都市アッシュルを中心として前21～前18世紀ごろに繁栄した王朝。アナトリアに商業植民をおこなう仲介貿易で栄えた。

アッシリア王国の隆盛

③ニムルド遺跡：前9世紀、新アッシリアの歴代王は、チグリス川に面するイラク北部のカルフ（ニムルド遺跡）を都にした。各地で征服した民を使役して計画都市や運河を築いたという。

④新アッシリア時代の有翼牡牛像：帝都カルフにあったアッシュルナツィルパル2世の宮殿は、王や英雄、精霊を表現した石製浮彫彫刻で装飾されていた。本例は宮城門の両脇を狛犬のように守護していたもの。

文字と契約のはじまり

⑤楔形文字が書かれた粘土板文書：前4千年紀後半に発明された絵文字はやがて楔形の文字に発展し、都市生活を支える会計記録や契約証文から、神話、文学までさまざまなことを記す独自の文字体系となった。

⑥円筒印章：前4千年紀に登場し幾何学文や神話などを彫刻した円筒印章は、都市で日々おこなわれる契約や商取引で文書に捺印するのに使った。粘土板文書とともに今日の文書行政の淵源である。

新バビロニア王国の都

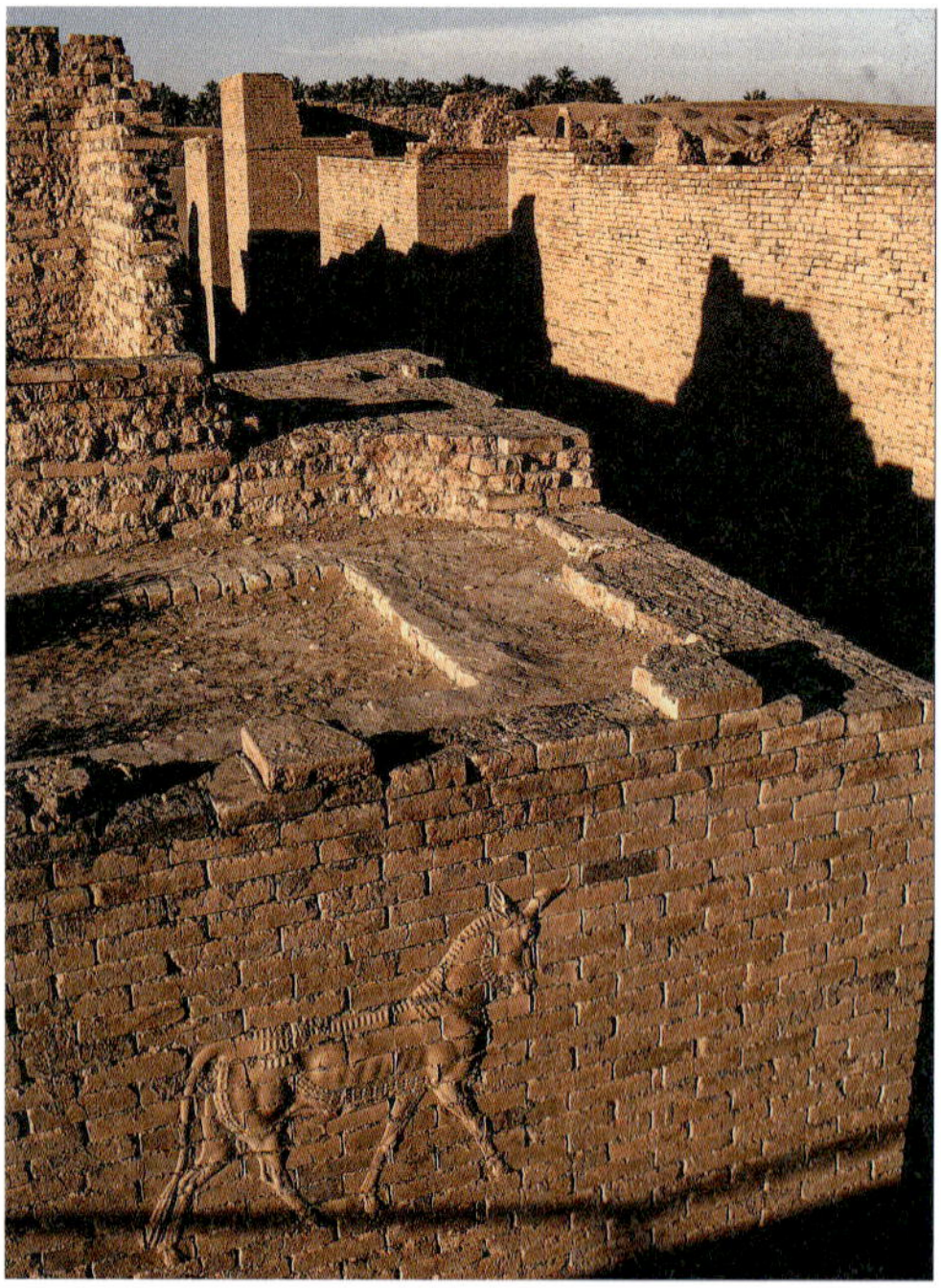

⑦バビロン遺跡：神の門を意味する古代都市。前1千年紀中ごろの新バビロニア王国の都として栄え、大征服を終えたアレクサンドロス大王の終焉の地として知られる。

05 古代メソポタミア文明の都市遺跡

メソポタミア文明は河川の水資源と粘土、ナツメヤシや葦類などわずかな植物をのぞいて、天然資源が著しく欠乏しているという特徴を持つ。そのため、都市に暮らす数多の人々とその生活環境を維持するため、食料、物資、資源を都市間で効率よく流通させることが文明の原動力になった。

古代メソポタミア都市の立地

古代都市遺跡の多くは水が得られる河川に沿って立地する。メソポタミア南部では大河川や人工運河に沿って都市が築かれたが、河川の流路が変わったり運河の維持ができなくなると、都市が滅亡することもあった。

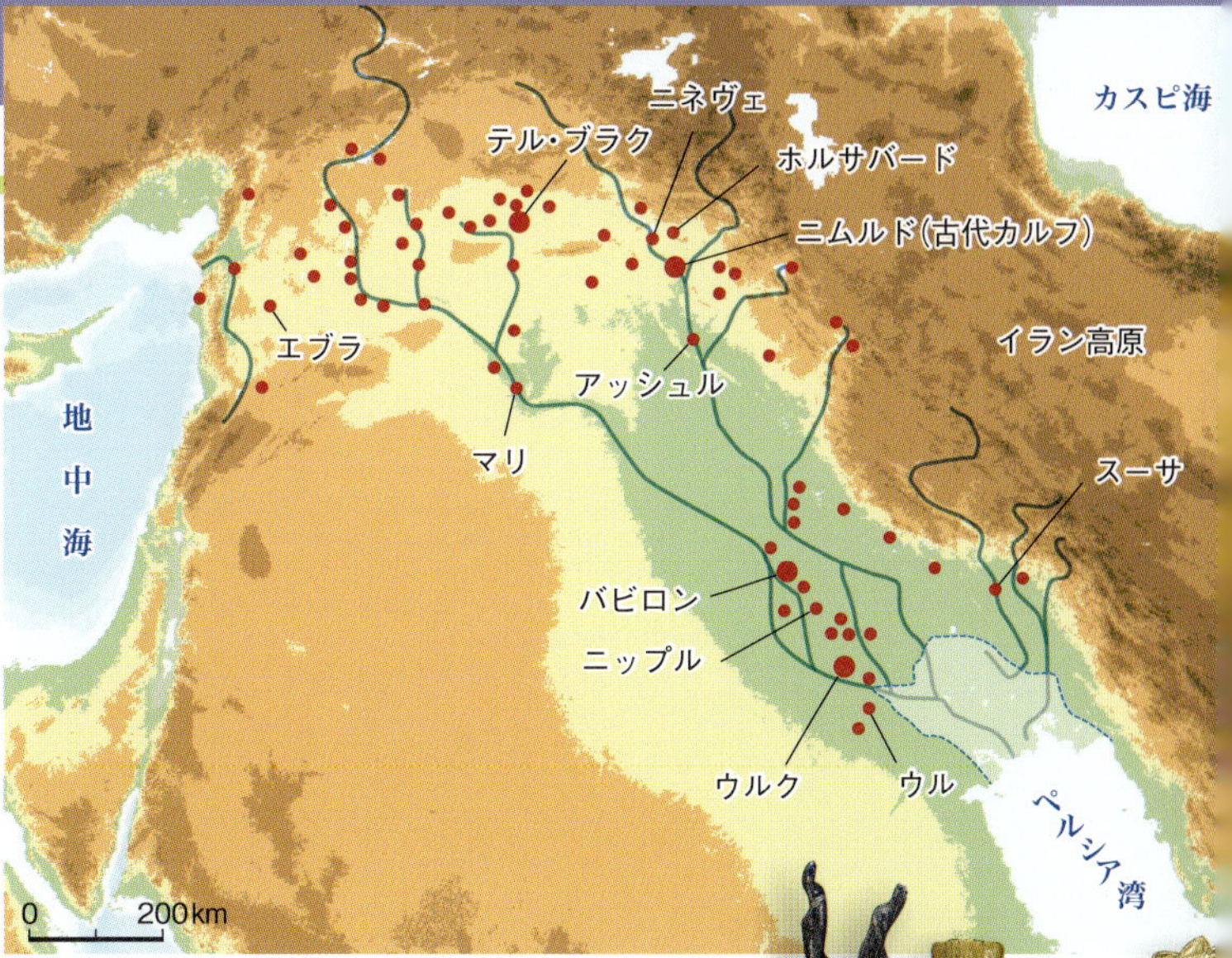

シュメール人が築いたウルの遺跡

①**ウル遺跡：**前21世紀に築造されたジッグラト（基壇状宗教遺構）がそびえる古代都市遺跡。20世紀初頭の発掘から100年を経て、最近再発掘が始まった。

②**ウルの王墓出土の牡山羊像：**王墓が発掘されたウル遺跡では、遠方産のラピスラズリや紅玉髄（こうぎょくずい）、黄金などを使った副葬品が多数出土した。当時の王族の生活と葬送儀礼をうかがわせる一級資料である。

06

エジプト

ファラオの文明

エジプト文明は、アフリカ北東部のナイル川下流域に栄えた世界最古の文明の一つです。

この文明は、最初のファラオ†が誕生した前3100年ごろから、ローマ帝国の属州となって終焉を迎える前30年まで、およそ3000年間の歴史があります。この長い古代エジプト史において、240人以上のファラオが存在しました。しかし、彼らはみな血のつながりがあるわけではなく、異国の支配者も含まれます。それでも王位が継承されたのは、王権の存在に他なりません。この文明の王権はある種の制度であり、その決まりごとを忠実におこなうことでファラオとして王座につくことができたのです。それは、先王の葬儀を執りおこなって王権と神性を引き継ぐこと、神に供物を捧げて秩序世界を保障する統治者であり続けることなどです。ファラオ特有のコスチュームでその姿を描いたり、王名や称号を刻むことも、その制度として定型化された表現といえます。

エジプト文明は、ファラオを頂点とする国家の成立をもって始まります。もともと、北のデルタ(三角州)と南のナイル渓谷では異なる文化を持つ集団がいましたが、両者を統合して国家を樹立したのがナルメル王です。彼を始祖とする初期王朝時代、首都を北と南の両地を掌握しやすいメンフィスに創建し、新たな国家づくりを進めました。

古王国時代になり、絶対的な王権と中央集権体制が確立します。それはピラミッド建設として体

†**ファラオ**　古代エジプトの王はファラオとよばれているが、これは王宮を意味する古代エジプト語「ペル・アア(大きな家)」のギリシア語なまりである。ファラオは国家における最高権力者であり、行政・軍事・宗教の長として全権を担っていた。

†**対外遠征**　領土の維持・拡大を目的として、ファラオは定期的に軍事遠征をおこなった。なかでも新王国時代は、

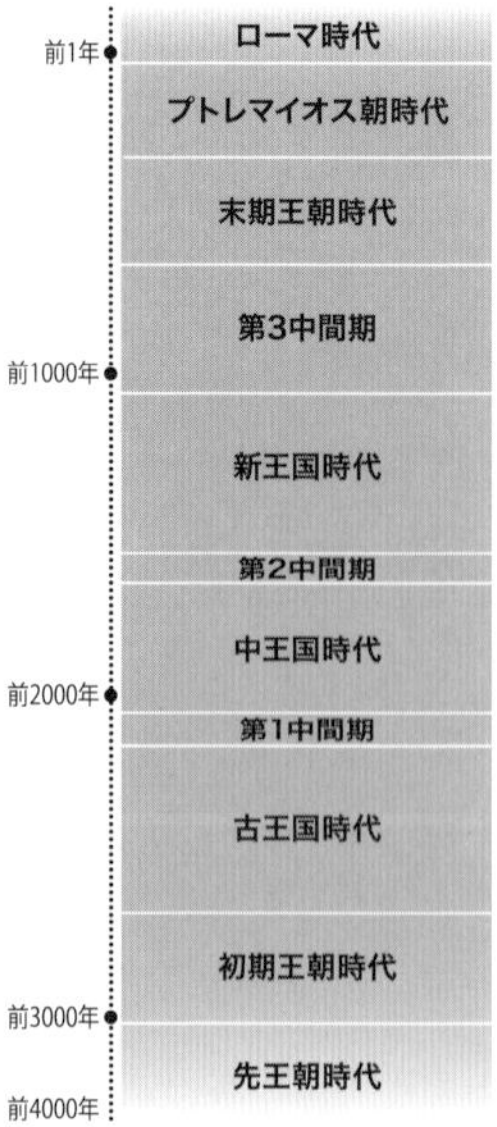

現されています。最初のピラミッドはジェセル王が造った階段状のものでしたが、スネフェル王が試行錯誤の末、四角錐の真正ピラミッドを造りあげました。彼の息子クフ王は、技術と経験を受け継いで最大のピラミッドを建造しました。しかしこれをピークに、王権と国家は衰退していきます。政権腐敗と環境悪化（4・2Kaイベント）がその要因とされ、最終的に地方豪族が群雄割拠する第1中間期となります。覇権争いの末、テーベ州侯のメンチュヘテプ2世が全土の再統一に成功し、強力な国家が復活します。

この中王国時代も、後半になると弱体化が進み、レヴァント系移住者であるヒクソスの勢力がデルタで拡大します。そして彼らによって権力が簒奪《さんだつ》され、第2中間期となります。幾度の交戦をへてヒクソスに勝利したイアフメス王が再統一を果たし、新王国時代が始まります。積極的な対外遠征†によって版図は最大となり、帝国のもと絢爛《けんらん》たる文化が花開きます。王はピラミッド建設をやめ、テーベ西岸に墓（王家の谷）と葬祭殿を分けて築きました。国家神アメンを祀るカルナク神殿の神官団が富と権力を集めるようになり、やがてテーベに神権国家《しんけんこっか》†を樹立します。一方、王家は根城をデルタのタニスに移し、第3中間期に入ります。その後、二度のアケメネス朝ペルシアの支配を受けましたが、その支配からエジプトを解放したのがアレクサンドロス大王です。彼に仕えた将軍プトレマイオスが王位を継承し、プトレマイオス王朝がスタートします。王朝の最後に王位に就いたのが、クレオパトラ7世です。彼女は、ローマのカエサルやアントニウスを味方に付けて王朝の存命を図るも、アクティウムの海戦に敗れて自害しました。これによりローマ帝国の一部となり、王権は維持されずエジプト文明は幕を閉じることとなります。

【馬場匡浩】

ヒクソス支配の経験から対外政策に注力するようになる。支配下にあるレヴァント南部を足がかりとして、トトメス3世は計17回の遠征によりレヴァント北部を征服した。当地はその後ヒッタイトに奪われたため、ラメセス2世が最大規模の軍隊を引き連れ奪還を目指したのが、有名な「カデシュの戦い」である。

†神権国家　古代エジプトでは通常、国家の主権はファラオにある。しかし新王国時代になると、遠征の勝利はアメン神のご加護によるものとされ、アメン神官団の政治・経済的影響力が増大する。それを打破するため、アクエンアテン王は太陽のアテン神のみを信仰する宗教改革を断行するが、王の死後はアメン神官団の権威がさらに強まった。そして第3中間期、アメン神を王として、アメン神官団が神託を受けて政治を動かす「神権国家」が生まれた。

ファラオのピラミッド

ピラミッドの建設は、高度な技術のみならず、資材調達や労働力の組織的管理が必要であり、王をトップとする堅固な官僚組織の存在があってはじめて可能となる。ファラオは死ぬと天へと昇って太陽神または周極星と一体となり永遠の命を得るとされた。

④ツタンカーメン王のマスク

⑤ジェセル王の階段ピラミッド（古王国時代、サッカラ）：階段状をしているのは、ファラオの魂を確実に昇天させるためである。

⑥クフ王の大ピラミッド（古王国時代、ギザ）：このようなピラミッドは真正ピラミッドとよばれるが、階段ピラミッド同様、これもファラオを昇天させる装置である。それに加えて、永遠に降り注ぐ太陽光線も表現している。

06 ファラオの王権とピラミッド

威風堂々たるピラミッドは、絶大なるファラオの権力を顕示した建造物ととらえられがちだが、しかしそうではない。古代エジプトでは、太陽は日々地下の冥界で再生復活しており、亡きファラオも太陽とともに復活することで世界が安定すると考えられていた。確実にファラオの魂を太陽へ届けるため、天空へとのびる装置が必要であった。それがピラミッドなのである。

ファラオの王権

エジプト文明における王権の源泉は、ファラオは神の化身またはその息子であり、神の血を引く神聖な存在という概念にある。その役割は、神々によって創造された秩序世界の維持であり、神と人間をつなぐ仲介者として、世界の安寧を願って神殿で供物を捧げる。ヒクソスの王たちも、アレクサンドロス大王やクレオパトラ７世も、こうした役割を果たすかぎり、ファラオとして振る舞うことができた。

①神からアンク（生命）を授かるファラオ（新王国時代）

②ファラオの巨大な座像がそびえるルクソール神殿の入口（新王国時代、テーベ）

クレオパトラ７世の誕生名

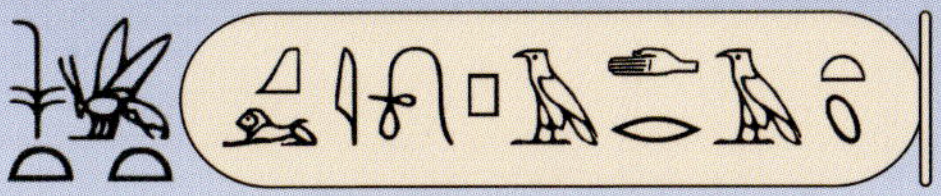

アレクサンドロス大王の即位名（セテプエンラーメリアメン）

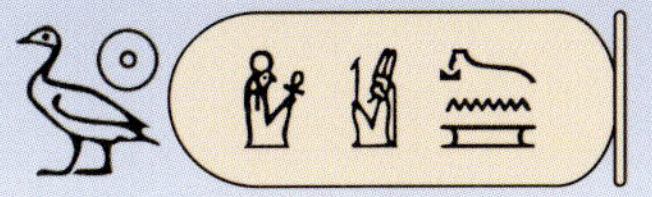

アペピ王（ヒクソス）の即位名（ネブケペシュラー）

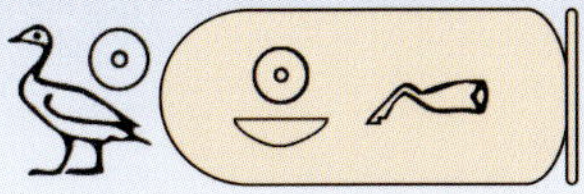

③聖刻文字（ヒエログリフ）で記されたファラオの名前：
王名は１人につき５種類あり、誕生名と即位名はカルトゥーシュ（王名枠）を用いて記される。

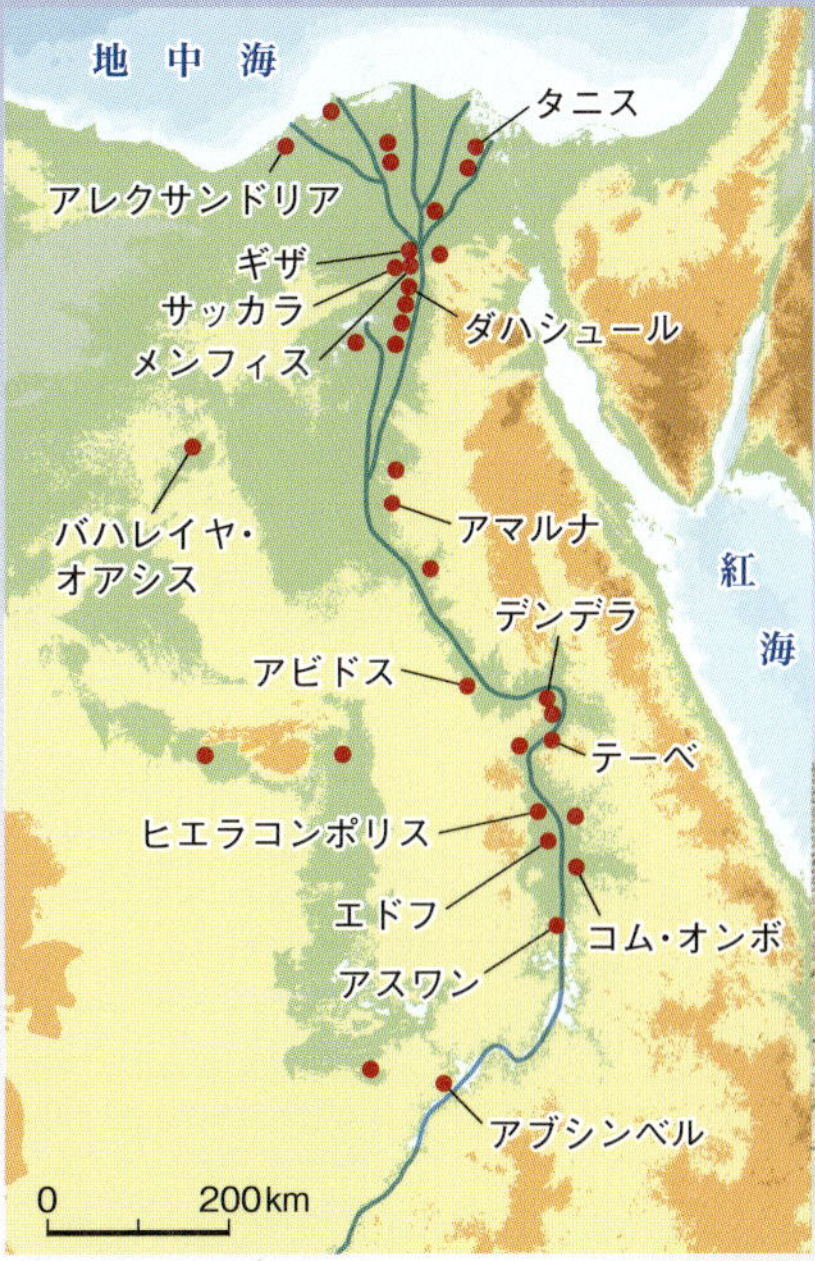

エジプト文明の遺跡

07

インダス
オリエント世界東端の都市文明

インダス文明は、前2600～前1900年ごろに南アジア北西部（現在のパキスタンとインド北西部）の地域に栄えた古代文明です。その時代はおおよそ日本列島の縄文時代後期に相当しています。都市を介して、東西・南北ともに1800キロに及ぶ広範な地域が各地の都市によってむすばれ、統一された文字や度量衡が生み出されました。印章やビーズ、土器などの工芸品の広域流通もこの文明を特徴づける要素となっています。

このインダス文明は、文明時代に先立つ時代（先インダス文明時代、前4000～前2600年ごろ）のインダス平原とその周辺地域における地域社会群の発達と、それらをむすぶ交流ネットワークの成立を基盤としていますが、この広域交流ネットワークは西方のイラン高原にも接続しており、地域内外の人・物資・情報の流れが活発化するなかで、広域社会をまとめる社会的統合力が強くなった結果、都市を基盤とする社会が形成されたと考えられます。すなわち、広域交流ネットワークを管理する政治＝経済的組織がこの文明社会を生み出したということができます。

この政治＝経済的組織は「ハラッパー文化†」とよばれる物質文化を介して、インダス平原とその周辺地域を統合し、都市社会を維持していました。各地におけるハラッパー式土器とインダス印章†、石製分銅の流通、そしてインダス文字の使用が文明社会の広域性を特徴づけています。その一方で

†ハラッパー文化　1920年代のハラッパー遺跡でおこなわれた調査での出土資料をもとに設定された考古文化で、

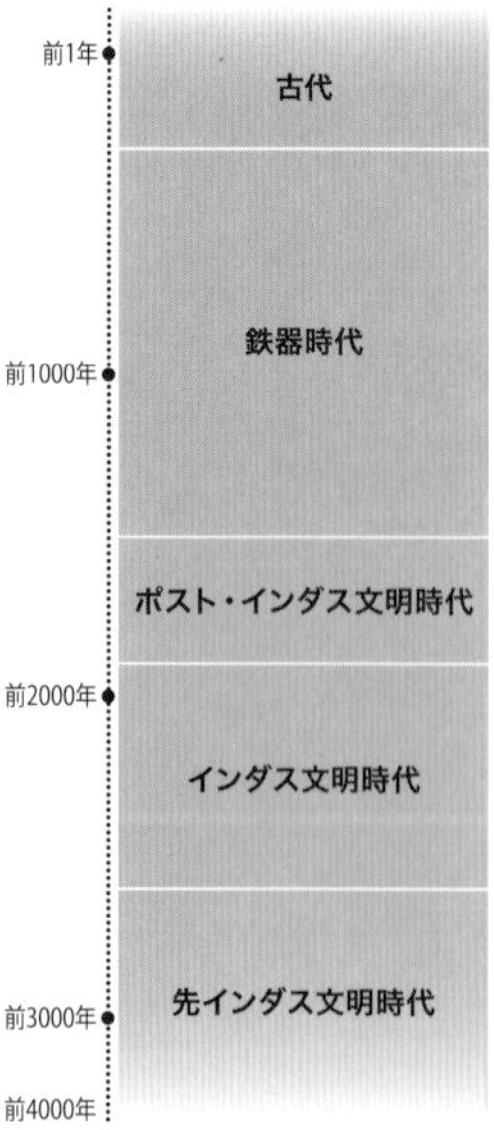

このネットワークに取りこまれた各地の地域社会群とその文化伝統の存在もまた、インダス文明を理解する上で重要です。なぜならば、都市社会の広域化を志向するハラッパー文化と各地の地域社会=文化群の関係がインダス文明を構成する基盤となっているからであり、文明社会の成立と展開、そして衰退を考える上で大きな意味を有していると言えるでしょう。

モヘンジョダロ遺跡やハラッパー遺跡、ドーラーヴィーラー遺跡など、多量の物資と労働力を投入して築かれた各地の都市には、密集型の居住空間が築かれ、多くの人々が集住する場となっていました。そこにどのような人々が暮らしていたのか具体的にはわかっていませんが、広域社会を統合する政治集団や物資の広域流通を担う商人、そして文明社会において高い価値をもった各種の工芸品を生産する職人たちが含まれていたことは確実です。インダス文明の地域で生産された工芸品は、メソポタミアやアラビア半島、中央アジアにも流通しており、インダス文明が古代オリエント世界のなかで果たした役割を垣間見ることができます。

インダス文明は前1900年を前後する時期に衰退し、都市も文字も失われてしまいます。その背景には4・2Kaイベントが推定されていますが、この衰退現象にもインダス文明域内外の交流ネットワークと地域社会群の変容・再編が深く関わっています。都市社会の衰退・解体とともに、人口の東方への移動が顕著になり、インダス平原周辺のみならず、南アジア各地の地域社会間関係を大きく変化させることになります。それは前2千年紀以降の「南アジア世界」の形成に大きな影響を及ぼしているのです。

【上杉彰紀】

特徴的な彩文を施した土器とインダス印章を最大の特徴とする。この文化は先インダス文明時代における広域の地域間交流が基盤となって生み出されたと考えられる。

†**インダス印章**　凍石（とうせき）を素材とし、そこに横向きの動物を中心としたモチーフと文字を刻んだもので、彫刻を施した後に加熱して白色に仕上げるという特徴がある。インダス文明域全域で出土しており、文明社会の行政組織に関わるものと考えられる。

インダス文明の広域性と多様性

インダス文明の物質文化は、広域に分布する要素と一部の地域に限定される要素によって構成されている。このことは、都市を介してむすびついた広域文明社会のなかに、地域社会群や地域文化伝統群が内包されていたことを示している。そのなかで、ハラッパー文化はその特徴的な彩文・無文土器やシンド地方に産出するチャート素材の鎌刃、グジャラート地方やバローチスターン地方の石材で作られたビーズを広く流通させる役割を果たしたと考えられる。一方、各地の地域社会群はそれぞれに固有のスタイルをもった土器によって特徴づけられるが、ハラッパー文化の諸要素を受け入れて、文明社会を支える役割を果たした。

広域展開型の土器

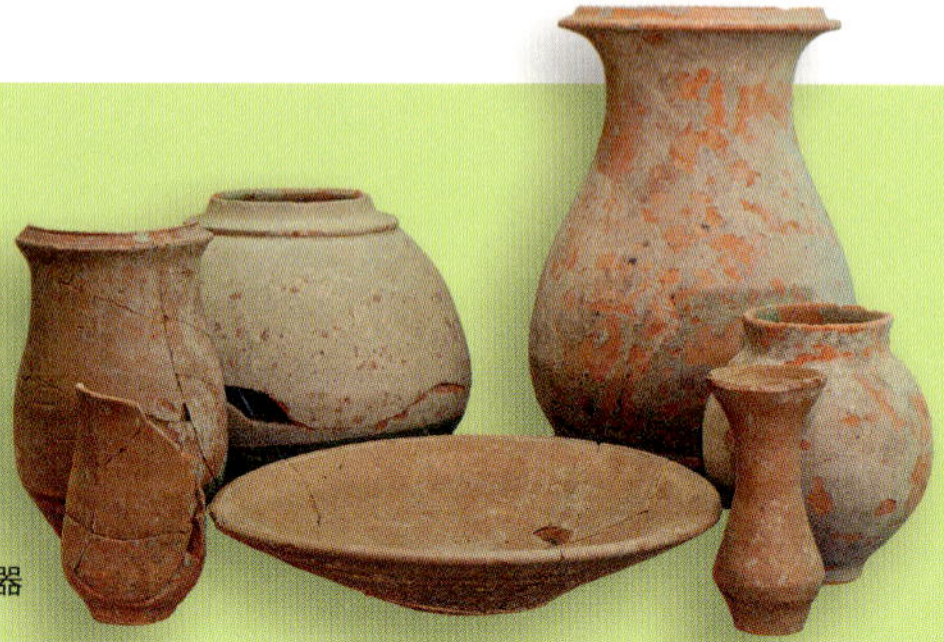

④ハラッパー式土器

地域型の土器

⑤アナルタ式土器（グジャラート地方）

⑥ソーティ＝シースワール式土器（ガッガル地方）

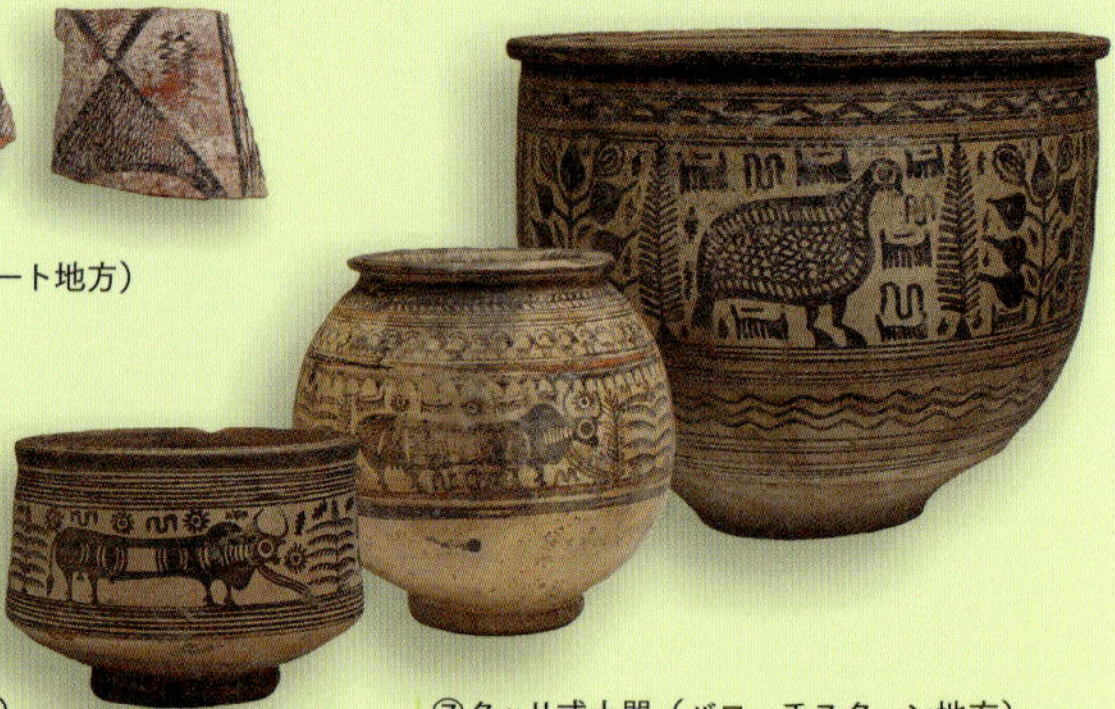

⑦クッリ式土器（バローチスターン地方）

印章

⑧インダス印章には、一角獣を中心として、バイソン、ゾウ、コブウシ、サイ、スイギュウ、トラなどさまざまな動物モチーフが描かれている。ほかにも神もしくは王と考えられる人物を表現したものもある。

各地で作られた工芸品

⑨紅玉髄製ビーズ

⑩チャート製鎌刃

⑪分銅

⑫銅製品

07 インダス文明を特徴づける遺跡と遺物

インダス文明が栄えた南アジア北西部は、西アジアの乾燥地域と東南アジアの湿潤地域のちょうど境目にあたり、多様な資源利用と文化伝統を特徴とする地域社会＝文化群が発達した。それらがむすびつくことによって、インダス文明が誕生したのである。前1900年ごろにインダス文明は衰退するが、それに伴う社会の変容は、続く時代の南アジア世界の成立に大きな影響を及ぼしている。

インダス文明社会をむすぶ地域間交流ネットワークの変遷

先インダス文明時代にはインダス平原とその周辺部に、地域社会＝文化群が成立し、それらが相互にむすびつくことによって広域交流ネットワークが生み出される。これを基盤にしてインダス文明が成立するが、その過程で重要な役割を担ったのがハラッパー文化である。この文化によってむすびつけられたネットワークの結節点に都市が築かれ、広域文明社会を特徴づける要素（例えば印章や文字）が誕生し、共有された。しかし、後半期には再び地域社会群が活発な動きをみせるようになり、文明社会のネットワークは著しく複雑化する。この後半期をインダス文明の最盛期と評価することもできるが、分節化された社会は最終的に前1900年ごろに衰退する。

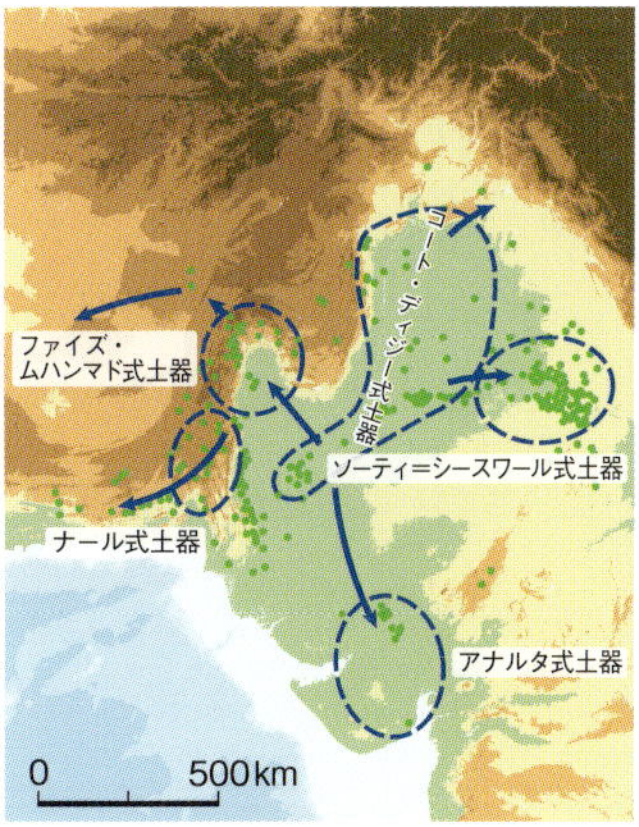

先インダス文明時代
（前3500～前2600年ごろ）

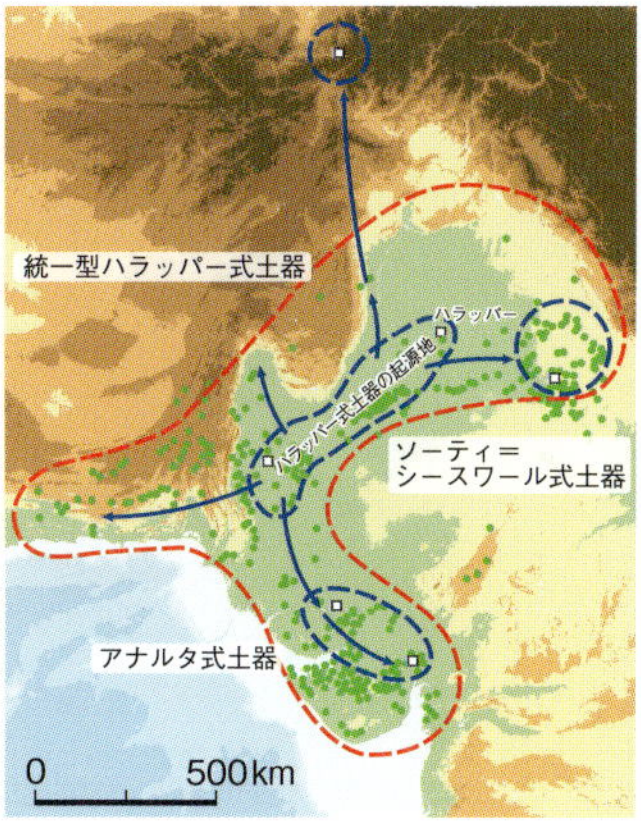

インダス文明時代前期
（前2600～前2300年ごろ）

インダス文明時代後期
（前2300～前1900年ごろ）

インダス文明を支えた都市

文明社会を支えた都市は、大量の労働力と資源を投入して築かれており、地域社会と文明社会の双方を象徴する政治＝経済的モニュメントであった。おそらくはそこに広域社会を統合するための宗教も関わっていたと考えられる。

①モヘンジョダロ遺跡（シンド地方）：インダス文明社会のなかでも中心的役割を果たした都市遺跡である。この遺跡の調査でインダス文明の特質が明らかにされた。

②ハラッパー遺跡（パンジャーブ地方）：大規模な都市遺跡で、文明域北半部の拠点としての役割を果たしたと考えられる。

③ドーラーヴィーラー遺跡（グジャラート地方）：同地方の拠点となる都市遺跡で、この地方における工芸品生産・流通において中心的な役割を果たした。

08

レヴァント1

大国のはざま
―青銅器時代の都市国家群―

現在のシリア、レバノン、イスラエル、パレスチナ、ヨルダン西部にあたる地域をレヴァント†とよびます。レヴァントは、東をメソポタミア、南をエジプト、西を地中海に囲まれた、まさに「はざま」とよべる地域です。

　このような地理的条件のもと、レヴァントには古くから多くの人々が往来していました。そういったなかで、周壁で囲まれ、その内部に一般の住居のほか、神殿や政治的有力者の大きな建物があるなど、階層化された社会を伴う「都市」とよばれる集落が次第に発達していきました。日本では縄文時代にあたる前3000年ごろにレヴァントの都市文明は始まり、発展と衰退をくり返しながら、前1200年ごろまで続きました。

　これらの都市のなかからさらに、交易路上の重要な場所に位置していたことなどにより勢力を拡大し、周辺の町や村、耕作地を傘下に収めるようになった「都市国家」が出現し、中期青銅器時代には地域内の都市国家をまとめた小王国†も誕生します。個々の力ではメソポタミアやエジプトなどの大国に劣る小王国や都市国家は、それら大国の間にあることや、地中海に面していることなどの地の利を生かし、オリエント世界全域にわたる交易ネットワークの担い手として活躍しました。そこでは、レヴァント特産のワインやオリーブ油、キプロス島で採掘された銅などのほか、遠くアフ

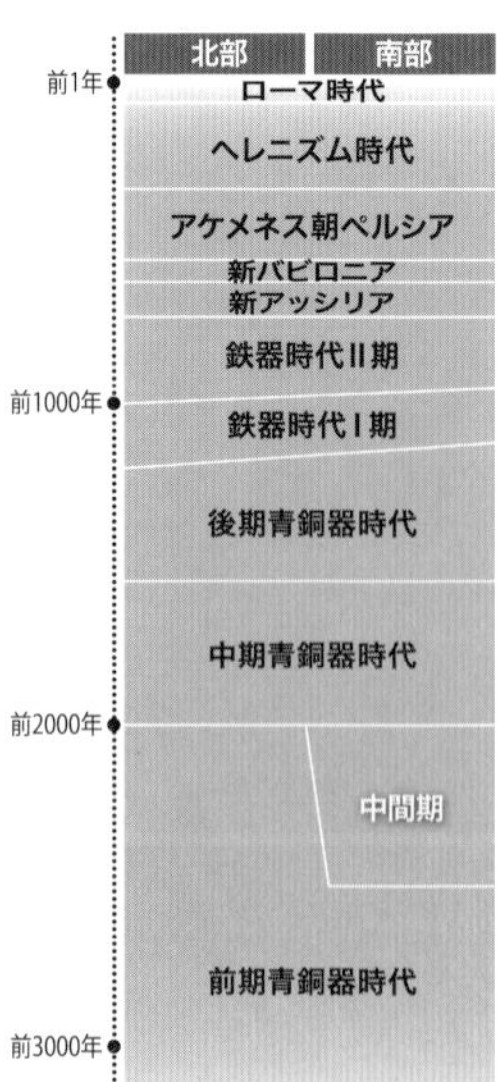

†レヴァント　「東」や「日の出」を意味するイタリア語やフランス語が起源のよび名。中世のヨーロッパで使われ始めたものが後にアメリカに伝わり、英語としても定着した。

†小王国　「エブラ」や「ウガリト」などの国名が文字資料から知られる。このほかレヴァント南部のテル・カブリやラキシュからは宮殿と思わ

ガニスタン方面で採掘された、ラピスラズリも流通しました。地中海の海底には、そういった荷を積んだままの沈没船が、今も多く眠っています。

しかし、これら諸都市国家間の関係が常に良好だったわけではありません。都市国家どうしで対立することもあれば、周辺諸国から攻め込まれることもありました。とくに後期青銅器時代になると、レヴァントは大国が勢力圏拡大のために土地を奪い合う戦場となりました。その結果、レヴァント北部は当初はメソポタミア北部に中心を持つミタンニ王国の、続いてアナトリアから勢力を拡大してきたヒッタイト王国の支配下に入り、また南部はエジプトに支配されました。これらの大国どうしは、幾度かの衝突を経て同盟†をむすんでいたことが、文字資料から明らかとなっています。

一方で支配された都市国家は、大国の王への忠誠を誓わされ、農作物などを租税として毎年納める必要がありました。また、エジプトがレヴァント南部に建設した拠点都市は、いずれも交易路上の要所にあり、通商を管理しようとしていたことがわかります。しかしそういった支配下にあっても、都市国家の有力者たちは、表では大国の王に良い顔をしながら、裏では反乱を企てたり、ほかの都市をおとしめようとしたりと、したたかな生き残り戦略を立てていたようです。

前1200年ごろに地中海世界全域を襲った混乱の影響（第9章参照）で、ヒッタイトやエジプトは弱体化し、同時に青銅器時代のレヴァントの特徴ともいえる都市文明や国際的な交易ネットワークは衰退します。ただし、その状況は一様ではなく、青銅器時代の文化が継続する場所がある一方で、新たな文化集団に取って代わられる場所もあります。

【間舎裕生】

れる建物が見つかっており、複数の都市国家を束ねる大きな都市国家のようなものであったと考えられている。

†**同盟**　とくに前13世紀にヒッタイトとエジプトとの間でむすばれた条約は、ヒッタイト語とエジプト語双方の資料が残っており、世界最古の国際条約ともいわれる。

③テル・レヘシュ：現在日本隊が発掘調査しているテル状遺跡。エジプトの碑文やヘブライ語聖書（旧約聖書）に登場する「アナハラト」という都市であった可能性がある。

④テル・バラタ：古代都市シケムにあたる遺跡。今も残る巨大な周壁。後期青銅器時代にはラバユという名の王がおり、強い影響力を持っていたことが文字資料からわかっている。

⑤テル・ダンで発掘された城門：日干しレンガが積まれた上部構造が、奇跡的にほぼ完全な状態で出土した。出入口部分にアーチ構造が用いられていることなど、貴重な情報を提供してくれる。

⑦土製人形（ひとがた）棺：デイル・エル＝バラ遺跡出土。レヴァント南部のいくつかの遺跡では、エジプトとよく似た埋葬がおこなわれていた。人骨のDNA分析により、エジプト人ではなく現地人のものであったことが明らかになっている。

他地域との交易・交流を示す遺物

⑥銅のインゴット（鋳塊）：沈没船から見つかった、牛皮型とよばれる銅のインゴット。キプロス島で採掘・精製された銅は、このような形で各地へ運ばれ、加工された。

08 青銅器時代レヴァントの都市国家と国際交易

レヴァントは地中海東岸に位置する南北およそ800 kmの地域である。青銅器時代のレヴァントには、堅固な周壁で守られ、有力者の住居や神殿を備えるなど、複雑な社会構造を発達させた都市文明が花開く。それぞれの都市は陸路や海路の交易ネットワークでオリエント世界全域とむすびついていた。こういった都市文明や国際交易は、都市どうしの抗争や周辺諸国からの侵略などを経て、青銅器時代を通して繁栄した。

レヴァントの都市遺跡

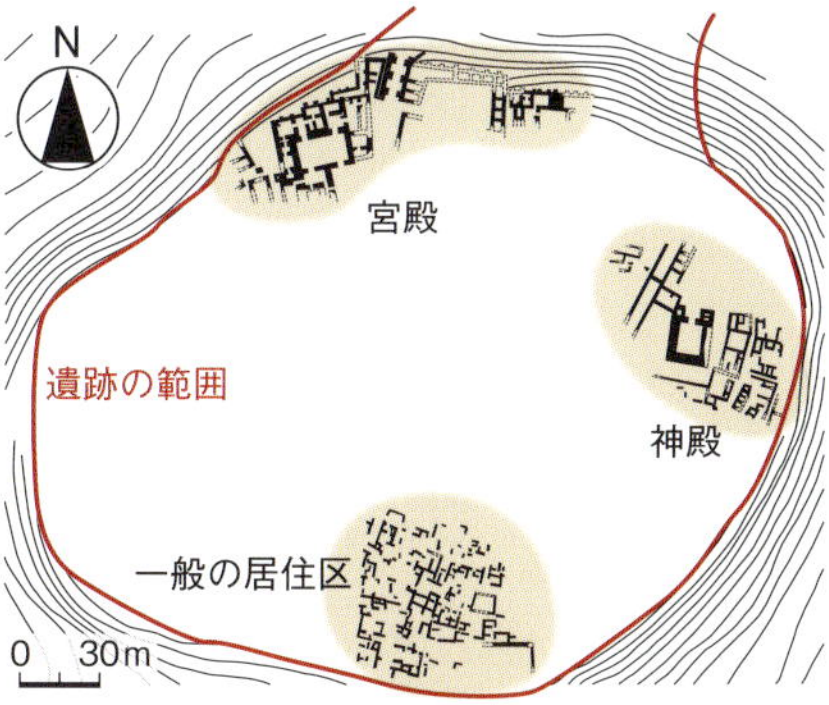

①**青銅器時代の都市のプラン：** メギド遺跡。北部には門と一体となった宮殿、東部には神殿を持つ。交易路上に栄えた大都市。整然としたこれらの街区と比べて、南部にある一般の居住区には計画性がみられない。

青銅器時代レヴァントの主な遺跡

②**ベト・シャン遺跡：** 奥の山が、青銅器時代を中心に形成されたテル。東西と南北の交易路の交差点に位置しており、重要な場所だった。後期青銅器時代にはエジプトが拠点都市を築いていた。

09

レヴァント2

気候変動と「海の民」、古代イスラエルの出現

前13世紀後半より、東地中海は大きな転換期を迎えます。その最たる出来事は、それまでの青銅器時代の文明を体現してきた諸勢力がドミノ倒しのように崩壊していったことです。アナトリアで勢力を誇ったヒッタイト王国、エーゲ海で繁栄したミケーネ文明の諸都市は姿を消し、エジプトも弱体化し、二度と勢力を盛り返すことはありませんでした。

東地中海世界の秩序を一変させた「文明崩壊」。その背景に何があったのでしょうか。近年、各地で実施された古環境調査から、この時期に長期にわたる旱魃《かんばつ》（降水不足）があったことが明らかになっています。この大旱魃は、3・2kaイベント（第2章参照）とよばれる地球規模の気候変動の一端で、青銅器時代に終止符を打った「文明崩壊」の要因の一つになったと目されます。

数十年というスパンで続く旱魃は、深刻な飢饉をもたらしたようです。ヒッタイト王国の都ボアズキョイ、交易のハブとして栄えたウガリト、ユーフラテス川中流域のエマルで出土した粘土板文書には、前13世紀末に発生した飢饉の情報が含まれています。考古学の発掘調査からは、ギリシアのピュロス、レヴァントのウガリト、ハツォルといった各地の都市や宮殿が、前13世紀後半〜前12世紀初頭に破壊されたことが知られています。社会的な騒乱や略奪行為が広がり、宮殿経済†や国際的な交易ネットワークが徐々に瓦解していったのではないか、こんなシナリオを想定できます。

†宮殿経済　東地中海の青銅器時代の都市遺跡で発掘された宮殿には、床に据えられた巨大な瓶が並ぶ部屋など、広い貯蔵スペースが備わっていた事例が多い。都市の宮殿が周辺地域からの農作物や生産物、交易品の集積と再分配を担っていたと考えられている。

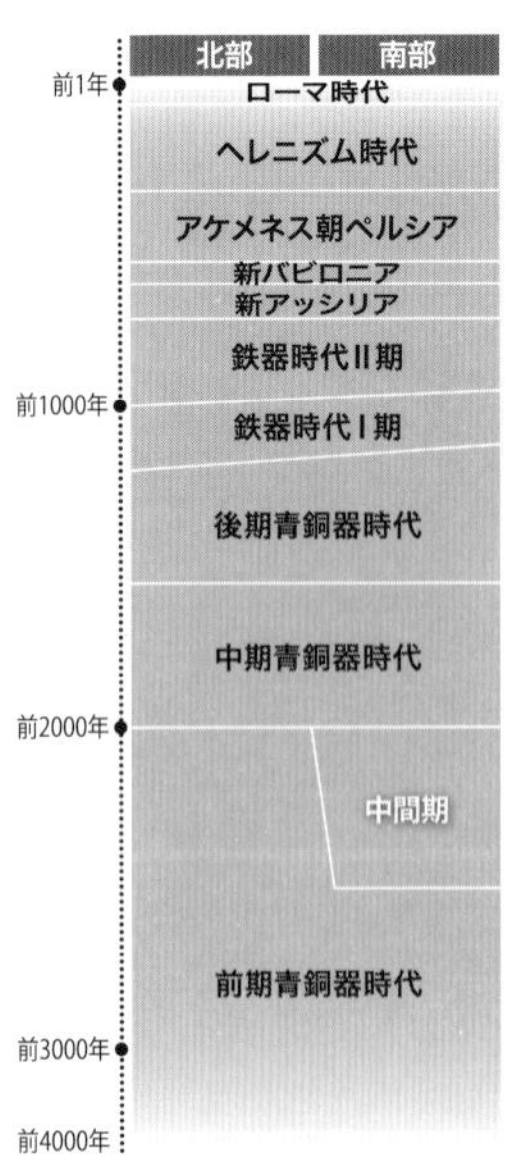

東地中海を覆った騒乱をもっとも鮮明に伝えているのが、エジプトのラメセス3世†がメディネト・ハブ神殿に残した浮彫です。地中海東岸を荒らし回り、エジプトを目指して南下した外来の集団を、海と陸の戦いで撃破する様子が刻まれています。この諸集団は現在「海の民」とよばれ、エーゲ海方面から新天地を求めて移住してきたさまざまな人々の混成集団であったと考えられます。その中心となったのが当時ペレセトとよばれた人々で、最終的にはレヴァント南部の南部海岸平野に定着したようです。鉄器時代Ⅰ期のアシュドド、アシュケロン、エクロン、ガトからは、入植した「海の民」が持ち込んだエーゲ様式の土器や建築が出土しており、この特徴的な文化を発展させた人々が後のペリシテ人であるととらえることができます。

エジプトやヒッタイトのような「超大国」が存在しなくなった東地中海世界。その地政学的・社会的な空白を埋めるかのように形成されていったのが、アラム人、古代イスラエル人、フェニキア人、ペリシテ人、ギリシア人など、現在の私たちが「民族」として認識する人々です。考古学の調査が進展しているレヴァント南部†では、こうした集団の文化が顕在化していく過程、さらには中央集権的な国家が鉄器時代Ⅱ期に成立していく過程を考古資料から描き出すことができます。前9世紀には、サマリアを王都とするイスラエル王国、ダマスクスを王都とするアラム王国が地域の有力国となり、歴史に名を残しました。他方、ペリシテ人のガトや、フェニキア人のテュロスなど、鉄器時代Ⅱ期に力をつけた都市国家が繁栄した地域もみられます。†

3・2kaイベントによって幕を開けたレヴァントの鉄器時代は、一神教を残した古代イスラエル人、利便性の高いアルファベットを広めたフェニキア人など、後の世界史に大きな影響を与えた諸勢力が躍動した時代ととらえることができます。

【小野塚拓造】

†ラメセス3世　治世は前1184～前1153年ごろ。「古代エジプト最後の偉大な王」とされ、「海の民」を撃退するなど、騒乱の時代の内憂外患に対処した。同王の残した歴史記録が、考古学における青銅器時代から鉄器時代への移行期を年代づけている。

†レヴァント南部　現在のイスラエル（パレスチナ）、ヨルダン西部にあたり、数多くの考古学調査が継続的に実施されている。

†都市国家の繁栄　青銅器時代には、有力な都市が近隣の農村地帯を支配し、都市国家とよばれる小規模な政治単位となって林立した。鉄器時代以降の西アジアや東地中海地域には、より広い領域を治める王国や帝国が出現するが、フェニキアやギリシアでは依然として都市国家が繁栄していた。

気候変動の痕跡を探る

⑤**イスラエルのガリラヤ湖における ボーリング調査：**湖底の堆積物に含まれる花粉から過去の植生を探り、当時の気候や周辺環境を推測する。近年の研究は、3.2kaイベントの後、前11世紀には気候が回復し降水に恵まれたことを示す。

遺跡が語る騒乱後の社会

⑥**テル・レヘシュで出土した搾油施設：**テル・レヘシュの発掘成果からは、3.2kaイベントを乗り越え、前11世紀にかけてオリーブ油生産で最盛期を迎えた都市の姿がみえてきた。

⑦**ヒルベット・ケイヤファ遺跡：**防壁に囲まれた鉄器時代の町が2007～2008年に発掘された。後のユダ王国につながるエルサレムを中心とする勢力が前10世紀ごろから存在していた可能性を示す遺跡として注目された。

⑧**サマリアで発掘された宮殿址：**イスラエル王国は、オムリ王からアハブ王の時代（前9世紀）にレヴァント南部の強国として繁栄。丘の上に築かれた王都サマリアには、威風堂々とした宮殿がそびえ立っていた。

09 レヴァント南部にみる気候変動とその後

前13世紀末に発生した深刻な降水不足（3.2 kaイベント）は、東地中海世界に騒乱をもたらした。レヴァント南部では、南部海岸平野に、「海の民」とよばれるエーゲ海様式の文化を携えた集団が移住し、前12世紀後半には進出していたエジプトの勢力も撤退した。こうした変化が強調される一方で、レヴァント南部では多くの都市が旱魃や騒乱を乗り越え継続的に繁栄していたことが、地道に続けられている考古学調査によって明らかになっている。

新しい集団の登場

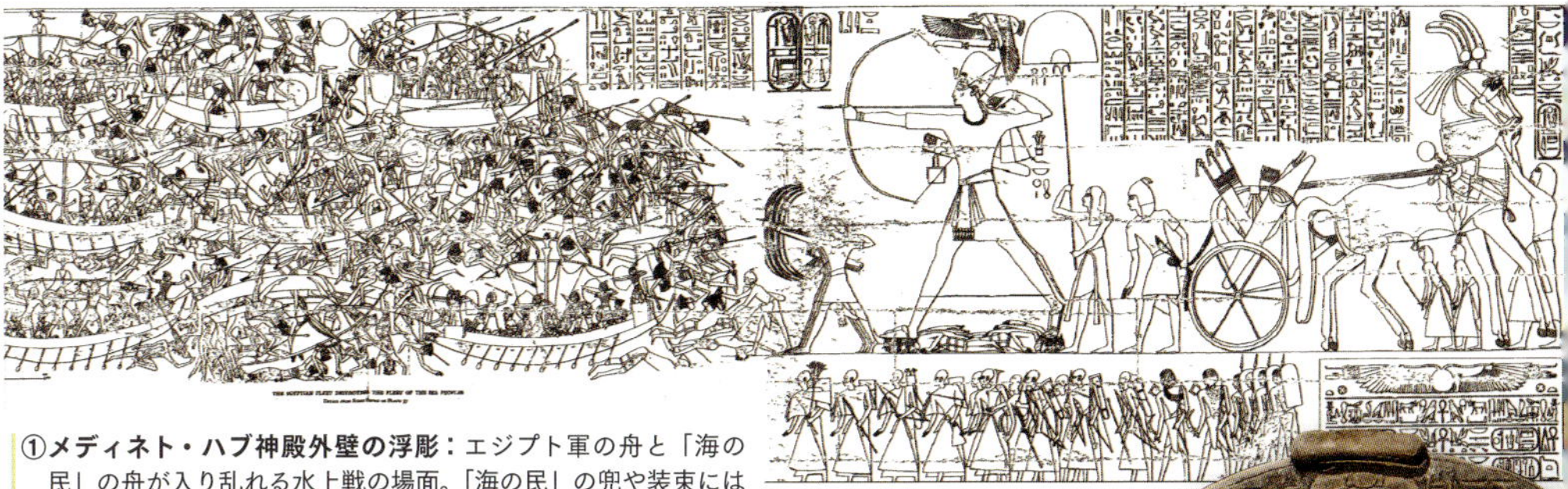

①**メディネト・ハブ神殿外壁の浮彫：**エジプト軍の舟と「海の民」の舟が入り乱れる水上戦の場面。「海の民」の兜や装束には種類があり、出自の異なる人々の混成集団であることがわかる。

②メディネト・ハブ神殿

③エクロンで出土したエーゲ海様式の土器

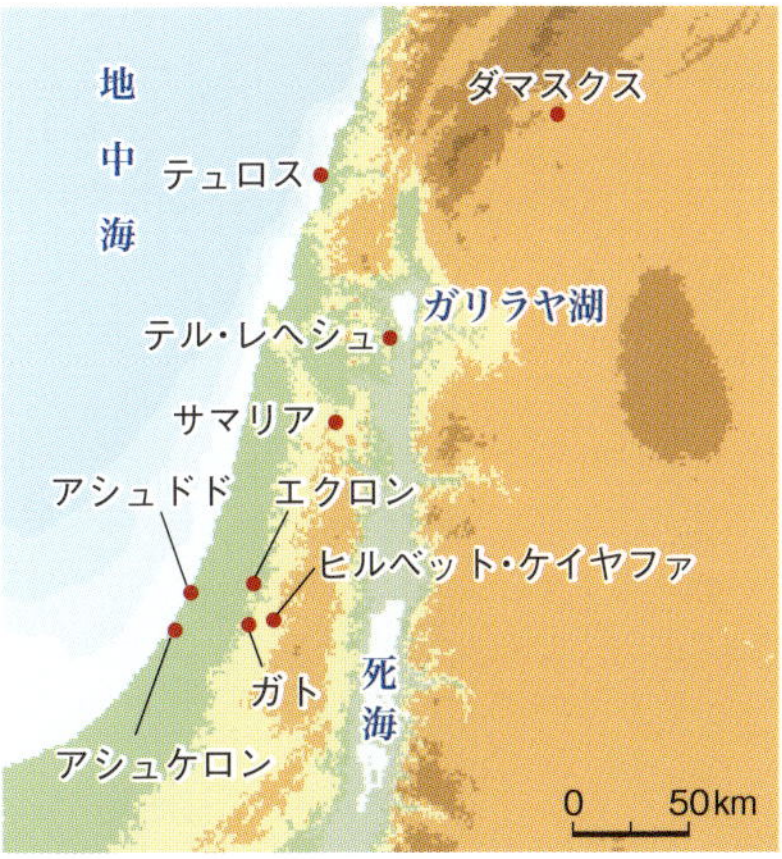

東地中海世界とレヴァント南部

古代イスラエルの出現

④**メルエンプタハ碑文：**騒乱の時代にファラオとなったメルエンプタハ。前1209～前1208年ごろの軍事遠征で、リビアやアジアの敵対勢力を征討したことを記録し、そのなかには「イスラエル」という名の集団も含まれる。この「イスラエル」は次第にレヴァント南部の主要な勢力になっていく。

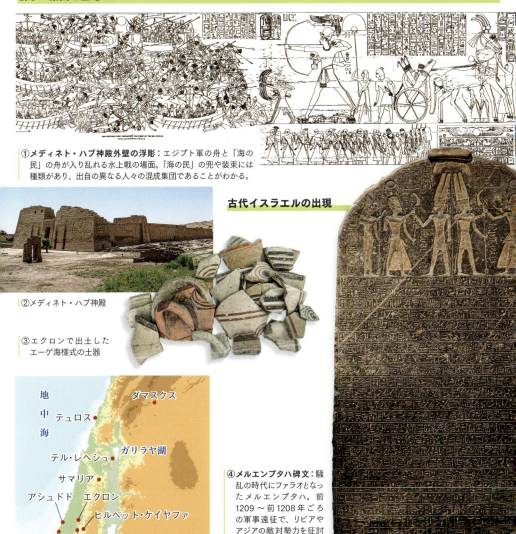

10

レヴァント3
交易の民フェニキア人

レヴァントのうち、鉄器時代にフェニキアとよばれる地理的範囲は、今日のレバノン共和国を中心としたイスラエルやシリアの一部にまたがる地域を指します。前1200年ごろ、東地中海沿岸部一帯に、それまでの青銅器時代の社会構造を根底からくつがえすような大きな混乱が起こりました（第9章参照）。周辺の大国が次々と滅亡、衰退していくなかで、外来の「海の民」の影響を受け、海の彼方に積極的に乗り出していったこの地の住民が、ギリシア人によってフェニキア人とよばれることになる人々です。

レバノン杉に代表される、船材となる豊かな木材資源に恵まれ、すぐれた造船技術や航海術を用いて地中海に乗り出した彼らの入植地は、はるかジブラルタル海峡を越えて、現在のスペインやポルトガルの大西洋沿岸部にまで及びました。とくに商人として中継交易で名を馳せた彼らの活躍ぶりは、同時代を生きたホメロスの叙事詩『オデュッセイア』でも謳われています。こうして、地中海は「フェニキアの海」へと変容していきます。

海上交易と陸上交易の結節点となったフェニキア諸都市は、世界中の物品が集まる一大国際商業都市でした。代表的な都市は、北からアルワド、ビュブロス、シドン、テュロスの4つで、ヘブライ語聖書（第11章参照）には、前10世紀のイスラエル王ソロモンとテュロス王ヒラムの交流の様子

†ソロモンの神殿　ヘブライ語聖書では、ソロモン王がエルサレムに7年の歳月をかけて造営したと伝えられる。神殿は3つの部分に分かれ、一

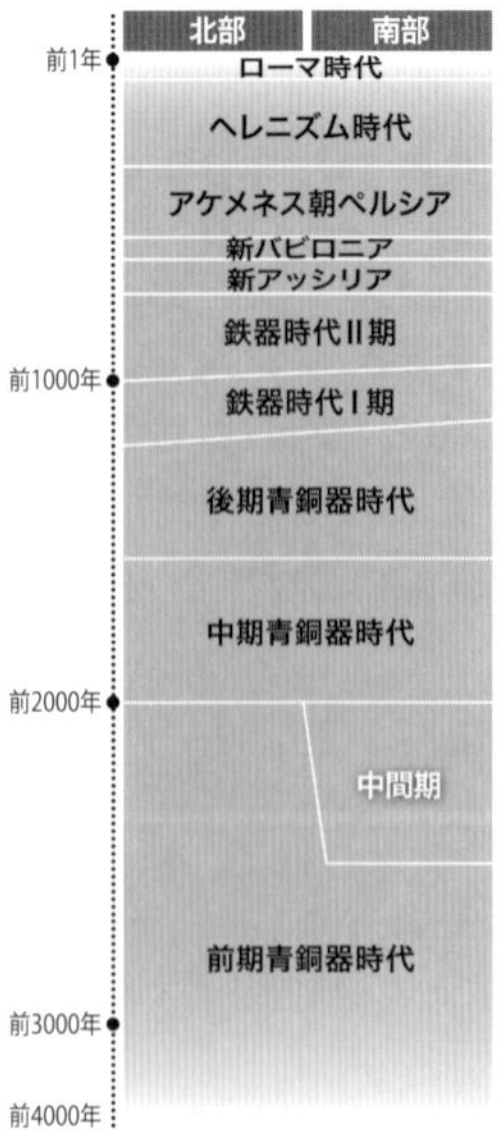

が生き生きと描かれています。それによれば、ソロモンの神殿†や宮殿建築には、高い技術力を持つフェニキア人の工人や職人の協力が不可欠でした。つまり、フェニキア人は単なる仲買商人であるだけでなく、建築や造船、さらには商いの目玉となる貴金属細工や象牙細工、ガラス製品、さらには染色や織物などにも熟練した優秀な職人集団でもあったのです。

オリエントの強国、新アッシリアや新バビロニアの支配を受けながらも、フェニキア諸都市は自らの経済力や技術力を武器に巧みに生きのび、寛容なアケメネス朝の支配のもとでは広大なペルシア帝国の属州として再編され、納税と引き換えに大幅な自治を許されます。そして、オリエント世界とギリシア世界の東西対決となったペルシア戦争で、ペルシア海軍の主力を務めたのは、実はフェニキア人の艦隊だったのです。とくにシドンの船は船足が速いことで評判が高く、ペルシアの大王クセルクセスからも特別に目をかけられていました。

ところで、現在のチュニジアに位置するカルタゴ†は、伝承によれば前814年にテュロスの王女エリッサによって建国され、前6世紀半ば以降は西地中海の交易を独占し、繁栄を極めました。カルタゴとは、フェニキア語でカルト・ハダシュト、「新しい都」を意味する言葉です。

その後フェニキア本土では、アレクサンドロス大王の東方遠征の途上、テュロスが徹底抗戦をしましたが、降伏します。こうしてヘレニズム時代には、フェニキア諸都市のギリシア化が急速に進む一方で、一定の自治も与えられ、再び繁栄を享受しました。しかし、前1世紀後半には東方世界もついにローマの支配下に入り、ポエニ戦争†後の西地中海同様、地中海はやがて「ローマの海」へと変貌を遂げていくことになるのです。

【佐藤育子】

番奥の内陣（至聖所）には契約の箱が置かれた。前586年に、新バビロニアのネブカドネザル王によりエルサレムが陥落した際に、神殿も破壊された。

†カルタゴ　フェニキア人の一派によって建国され、西地中海の交易の要衝として栄えた。ポエニ戦争で一旦は徹底的に破壊されたが、ローマ時代に再建され、アフリカのローマとして再び繁栄を謳歌した。その後、439年にヨーロッパから来たヴァンダル人によって征服された。

†ポエニ戦争　前264年から前146年にかけて、カルタゴとローマとの間で3度にわたっておこなわれた西地中海の覇権をめぐる戦い。第2次ポエニ戦争で将軍として活躍したハンニバルは有名。第3次ポエニ戦争でついにローマが最終的勝利を収め、西地中海の覇者となった。

地中海を往来するフェニキアの船

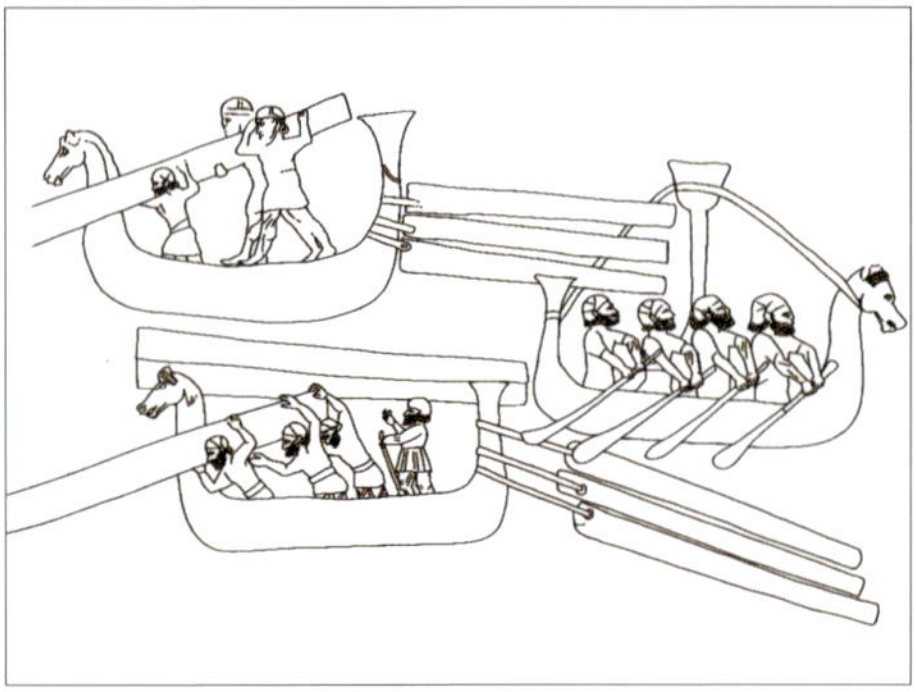

⑤**木材運搬図：**新アッシリアのサルゴン２世の宮殿壁画。馬の頭のついた、木材を運ぶフェニキア人の小型の舟が描かれている。コルサバード（イラク）出土。

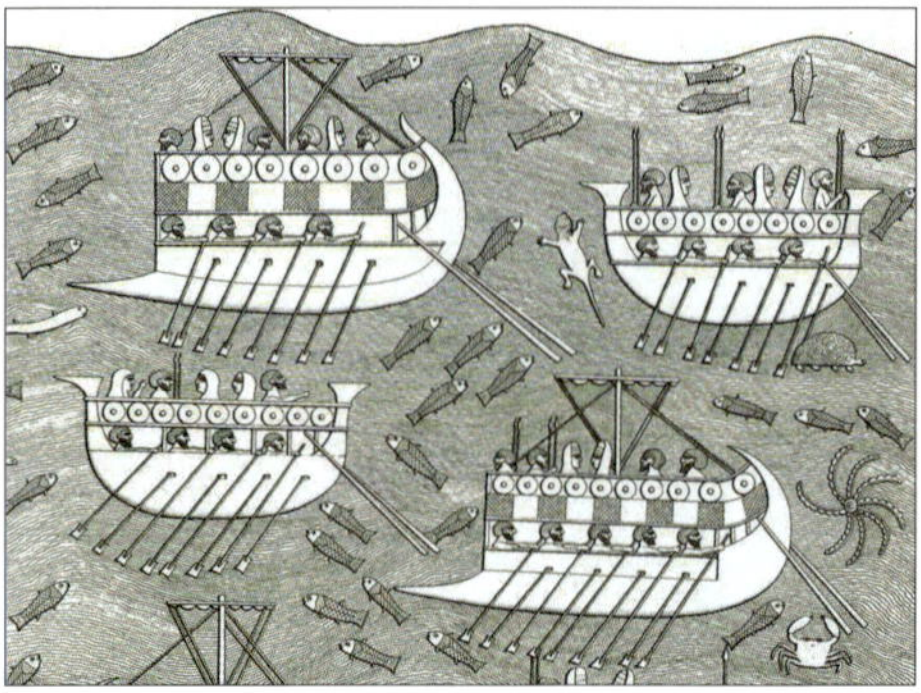

⑥**フェニキアの軍船と商船：**ともに二段櫂船（にだんかいせん）で、軍船は前方に鋭い衝角を備えていた（左上と右下）。積み荷を運ぶ商船は船幅が広く丸みを帯びていた（左下と右上）。

フェニキアの都市遺跡

⑦**ハンニバル街：**カルタゴのビュルサの丘の斜面に残るポエニ時代の街並みの跡（チュニジア）。壁部分の建築工法には、フェニキア人特有の石積みが用いられている。

⑧**ローマ時代のテュロスの街並み：**現在残るテュロスの遺跡（レバノン）は、ほとんどがローマ時代以降のものである。もともとは島であったこの場所は、フェニキア時代の政治・経済・宗教の中心であった。

10 フェニキア人の地中海への進出

フェニキア人は、地中海東岸の本国から遠く離れた西方へ、巧みな航海術で進出した。商取引のための交易所が各地につくられ、なかにはやがて植民市へと発展していくものもあった。現在のチュニジアに建設されたカルタゴは、巧みな商業ネットワークで、ローマ興隆以前の西地中海の女王として君臨することになる。一方本土では、象牙細工などのフェニキア職人の神髄を究めた逸品が、アッシリアの芸術作品のなかに残されている。

フェニキア人の地中海航路の一例

世界に求められた交易品と工芸品

①ノラ碑文：フェニキア語の文字が刻まれた奉納石碑。フェニキア人の西方への航海を裏づけるものとされる。前9世紀後半から前8世紀初頭。ノラ遺跡（サルデーニャ島）出土。

②レバノン杉：現在のレバノンの国旗にも描かれるレバノン杉。材質は太く堅くて腐食しにくく、樹脂は芳香剤や保存剤としてもすぐれていた。

③金製のブレスレット：細部にエジプト風の意匠がこらされた見事な貴金属製品。粒金細工の技法が用いられ、フェニキア職人集団の技術力の高さを示している。前7世紀から前6世紀。タッロス遺跡（サルデーニャ島）出土。

④フェニキアの象牙細工：家具のはめ込み細工として用いられた象牙製の装飾板。パピルスとロータスの茂みで雌ライオンがアフリカ人を襲っている。ニムルド遺跡（イラク）出土。

11 レヴァント4 聖書考古学

西アジアで2世紀までに成立した聖書は、ユダヤ教・キリスト教の聖典として世界中で読み継がれてきました。そのうちのヘブライ語聖書†は、ユダヤ教徒†が大切にしてきたもので、過去に彼らの先祖に起きた出来事を、自分たちの神とのかかわりのなかでとらえ、物語として記しています。そこでは神が歴史上生じた出来事に積極的にかかわる様子も描かれているのです。日本でも、ノアの洪水物語や出エジプトの物語が有名です。

かつてキリスト教による世界の見方が支配的だった西欧では、聖書に記されている出来事は史実であると考えられていました。時代が進んで19世紀以降、西アジアの各地で発掘調査が始まると、聖書考古学といわれる学問が発達するようになりました。当初、この学問分野ではしばしば、考古学によって聖書という書物に記された出来事の史実性を証明しようという意図が働くことがありました。その結果、時には発掘で見つかったものを、聖書に記された出来事にこじつけるような解釈もされました。こうした解釈は必ずしも意図的なものばかりとは限りません。人間は文字に書かれた情報に左右されやすいのです。

例えば、聖書は古代のイスラエルの人々†が、彼らに敵対する人々が住むエリコという都市を征服した出来事†について記しています。聖書によれば、エリコを囲む壁は奇跡的に崩れ去り、イスラエ

†**ヘブライ語聖書**　キリスト教の聖書は旧約・新約聖書から成る。しかし「旧約聖書」はキリスト教がつけたよび名であるため、本書では「ヘブライ語聖書」とよぶ。

†**ユダヤ教徒とユダヤ人**　「ユダヤ教徒」はユダヤ教を信奉する人々。「ユダヤ人」はユダヤ教徒と血縁的にユダヤ民族とされる人々を両方含む。

†**古代のイスラエルの人々**　ユダヤ人は古代のイスラエル

ルの人々はたやすく都市に侵入してそれを征服することができました。かつてこの遺跡を発掘した考古学者は、エリコを取り囲んでいた壁を発見し、まさにこの出来事が起きたとされる時代にそれが崩れた痕跡があると主張しました。それが本当なら、奇跡によってかどうかはさておき、エリコの壁が崩れたという聖書の記述の史実性が証明されたことになります。

しかし20世紀後半になると、このような学問的態度が批判されるようになります。聖書の内容を文学的に研究する聖書学という学問が発達し、聖書におさめられた書物が書かれたのが、実際の出来事の時代よりもはるか後の時代であることがわかりました。その結果、聖書の記述の史実性に対する批判的な見方が優勢になりました。また、考古学も自然科学の手法を取り入れ、より客観的なデータを示すことができるようになりました。こうして、考古学が示す当時の様子と、聖書に記された出来事が一致しないということがあっても、無理につじつまを合わせる必要がなくなったのです。

先ほどのエリコの例に戻りましょう。その後の調査によって、聖書に記されたたエリコの壁の奇跡があったとされる時代、エリコを囲む壁は存在すらしていなかったことが確認されました。聖書に記されたエリコの壁の奇跡を考古学は裏づけることができなかったことになります。そうなると今度は、いつ、なぜそのような物語が書かれたのかという点に関心が移ります。

聖書考古学は、かつてのような考古学による聖書記述の史実性の「答え合わせ」から、考古学によってもたらされる客観的な情報をもとに、聖書記述の歴史的・思想的背景を掘り下げるような学問に変化してきたとも言えるでしょう。

【長谷川修一】

の人々を自らの先祖とみなしていた。

†エリコの征服　聖書が記す年代データを使うとこの出来事は前15世紀になるが、出エジプトの出来事を起点として算定し、一般に前1200年ごろと考えられている。

④**エリコの壁**：前1800 ～前1550年ごろ。レヴァント南部では、石で作られた基礎部の上に、日干しレンガを高く積んで壁を築いていた。

出土遺物に刻まれた聖書

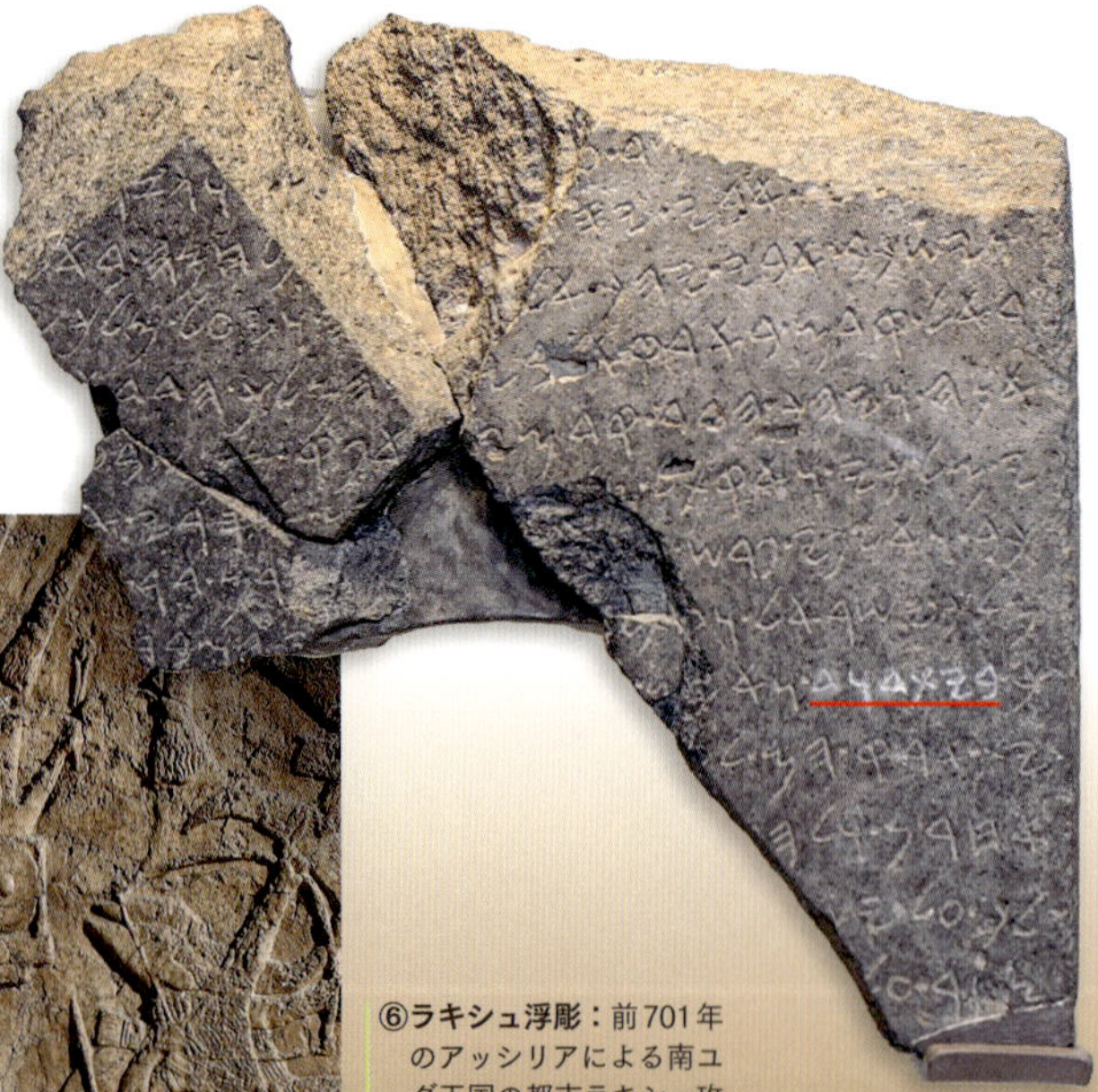

⑤**テル・ダン碑文**：近年、聖書の英雄ダビデの実在は疑問視されることもあるが、この碑文は前9世紀の「ダビデの家」に言及する。白く色づけされた6文字がBYTDWD、すなわち「ダビデの家」。

⑥**ラキシュ浮彫**：前701年のアッシリアによる南ユダ王国の都市ラキシュ攻略の様子。聖書もアッシリア軍のラキシュ滞在について記している（列王記下18章）。

11 聖書―史実かフィクションか

聖書に描かれている都市エリコの壁の奇跡的な崩壊の物語の史実性は、エリコの考古学的な発掘調査によって一時は裏づけられたかのようにみえたが、最終的には考古学そのものによって否定されるようになった。考古学は、出土したモノをベースに過去の社会を考える。ただし、モノとして残りにくいものもあれば、いまだ見つかっていないものもおそらくたくさん存在する。昨日までの定説が今日の発見によってくつがえされるかもしれない。

エリコの物語と実際の遺跡

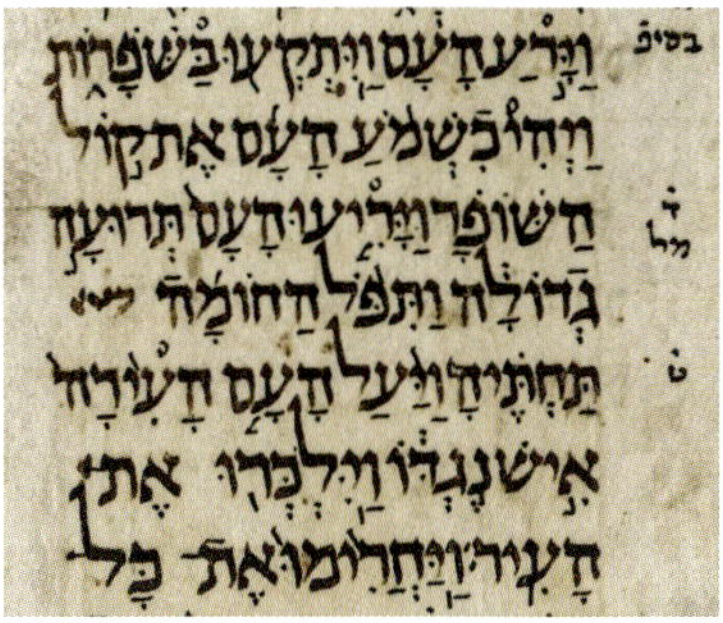
וירע העם ויתקעו בשפרות
ויהי כשמע העם את קול
השופר ויריעו העם תרועה
גדולה ותפל החומה
תחתיה ויעל העם העירה
איש נגדו וילכדו את
העיר ויחרימו את כל

①エリコの壁の崩壊を記す聖書の書物：ヨシュア記の6章20節（『アレッポ写本』より、10世紀）。ヘブライ語は右から左に記される。

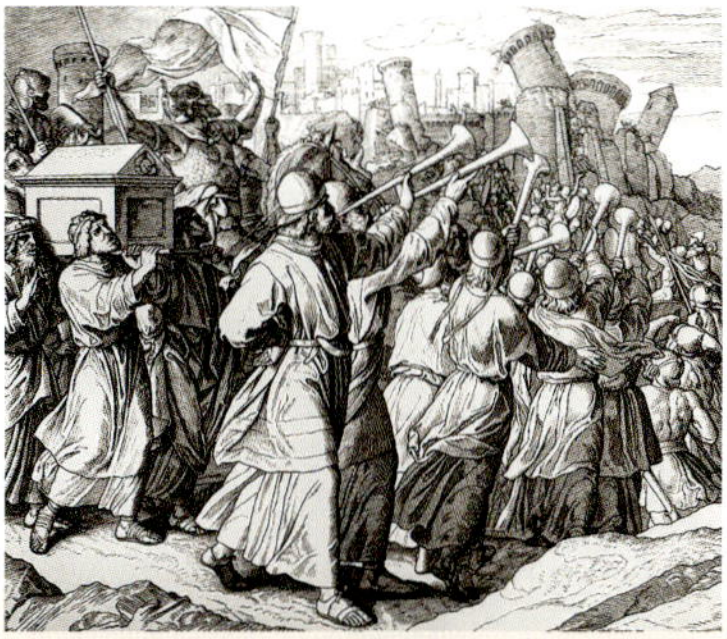

②描かれたエリコの壁の崩壊：祭司が「神の箱」を担ぎ、角笛を吹くと壁は崩れた（ユリウス・シュノル・フォン・カロルスフェルト画、19世紀）。画面左に箱が、画面上方に崩れる城壁が描かれている。

③エリコの壁（テル・エッ＝スルタン）：手前に見えるのが一時期都市を囲んでいた壁（前1800～前1550年ごろ）。後方に現在のエリコの街並みが、一番手前にはナツメヤシの樹々が見える。

聖書に関連する遺跡（エルサレム周辺）

12

アナトリア1

ヒッタイト王国の成立とビュクリュカレ遺跡の発掘

アナトリアとは西アジアの最西部、現在のトルコ共和国の大部分を占める地域です。そこには前17世紀中ごろから中央アナトリア北部のハットゥーシャを中心として栄えたヒッタイト王国†がありました。それ以前のアナトリアでは、カールム（アッシリア商業植民地）†時代のキュルテペ遺跡をはじめとする王国が隣立してアッシリア商人が活躍していましたが、それらが崩壊してからヒッタイト王国成立までのことは詳しくわかっていませんでした。しかし、現在発掘中のビュクリュカレ遺跡ではその未解明の時期が明らかにされはじめています。

発掘では、長さ2メートルを超える巨石が用いられた、高さ7メートルを超える壁を持つ巨石建築物（長さ50×幅30メートル）が出土しました。この建物は、その規模に加え多数の穀物貯蔵壺が出土し、公共建築物か王宮と考えられ、カールム時代からヒッタイト王国の初めまで居住されており、ヒッタイト王国成立前後の歴史解明において貴重な資料となっています。

建物からはさまざまな文化の特徴を持つ遺物が出土しています。その一つがアナトリア象形文字です。これはルヴィ語とよばれ、ドイツ語や英語と同じインド・ヨーロッパ語族の言語です。この言葉を話すルヴィ人は前3000年ごろにヨーロッパ側からトロイ遺跡のあるアナトリア西部に移住し、前1650年ごろにはこのアナトリア象形文字が生み出されました。ルヴィ語が書かれた印

†ヒッタイト王国　ヒッタイトはドイツ語、英語と同じインド・ヨーロッパ語族に属する言語を持つグループである。彼らがいつどこから来たかについてはいまだに論争がくり返されているが、前3千年紀にコーカサス地域（黒海とカスピ海に挟まれた地域）からアナトリアにやって来たとする説が有力である。ヒッタイトは世界ではじめて鉄を生産したとされるが、日本隊が発掘するカマン・カレホユック遺跡ではヒッタイト以前に鉄が生産された痕跡が見つかっている。

†カールム　「港」の意味の

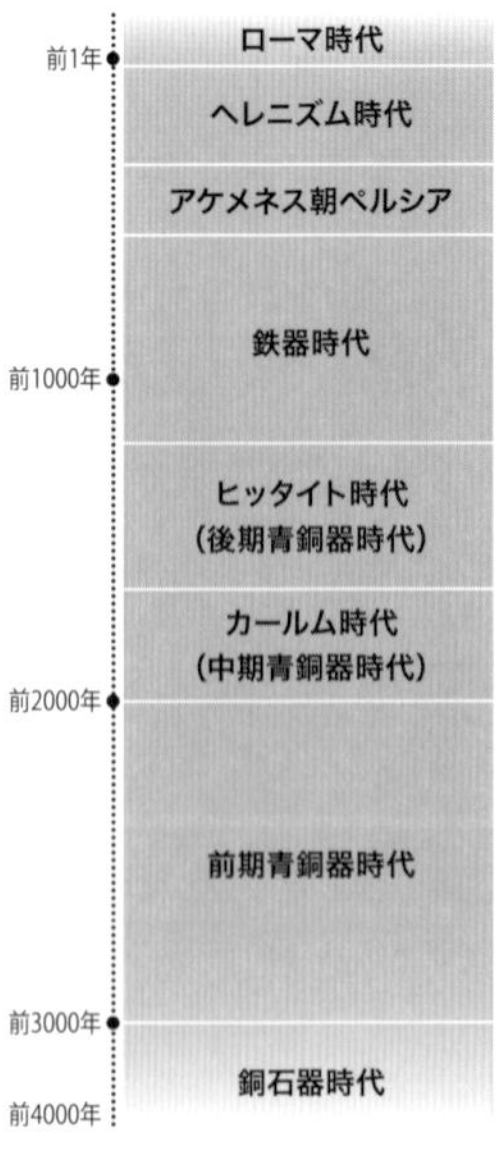

影†の出土はその言語を話す民族との交流、あるいはその民族の一部がここビュクリュカレ遺跡に居住していたことを示しています。

またこの大型建築物の南東隅からは2つの地下室が見つかり、大量の酒杯とともに白い大理石製のヒョウの頭部小像をはじめとする貴重な遺物が多数出土しました。廃棄された大量の土器から判断すると、3000人以上が儀礼に参加し、酒を飲んだ椀を地下室に投げ入れ、地下室の底からのびる「坑道」から地界の神をよび寄せたと考えられます。これはヒッタイト時代以前のアナトリアの土着民ハッティの伝統である建築儀礼と考えられ、ビュクリュカレ遺跡の住人がハッティ人であった可能性を示しています。

またこの建物の床面からは西アジア（エジプトを含む）で最古のガラス製の壺が出土しました。ガラス製作技術は前3千年紀ごろにメソポタミア北部で出現し、ヒッタイトに敵対したミタンニ王国を建国したフリ人が発展させたと考えられています。ビュクリュカレでガラス壺が出土したということは、フリ文化がヒッタイト時代よりも前にすでにアナトリアに深く浸透していたことを示しています。フリ人のガラス職人がアナトリアで活動していたのかもしれません。

このようにビュクリュカレ遺跡の発掘成果は、カールム時代からヒッタイト時代への移行期における多民族文化の特徴を示しています。ヒッタイトの人々は自分たちの国を「ハッティの国」とよび、アナトリアの土器の伝統を受け継いでいます。ヒッタイト王国はヒッタイト民族によって作られた王国とされてきましたが、実はアナトリアに居住したさまざまな民族が影響し合い、交じり合ってできあがった王国なのではないか、この多民族性こそがヒッタイト王国成立の原動力となったのではないか、と私は考えています。

【松村公仁】

アッシリア語で、大型交易センターの名称。当時のアナトリアにはカールムを持つ都市が10カ所ほど存在したとされ、メソポタミアのアッシュルから来た商人が活躍した時代をカールム時代という。

†印影　粘土に印鑑を押したものを印影という。

アナトリアの主要遺跡

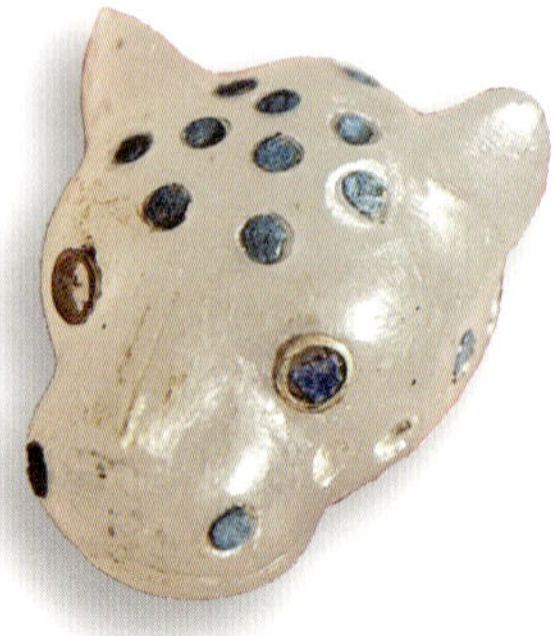

⑥**大理石製のヒョウの頭部小像：**地下室から出土した。王笏（おうしゃく）に付けられたものと思われ、斑点にはエジプシャンブルーが、目には金とラピスラズリが象眼されている。

⑦**印影：**撚り糸文の環状装飾の内側に動物頭部が円形に配置され、中央には「W」の形の記号が2つ施されている。これはインド・ヨーロッパ語族のルヴィ語アナトリア象形文字の始まりではないかと考えられる。

⑧**地下室に廃棄された大量の土器：**3000人以上が参加した儀礼で、酒を飲んだ椀が地下室に投げ入れられたと考えられる。これはヒッタイト時代以前からの原住民ハッティの、地界の神をよぶ建築儀礼の痕跡であろう。

⑨**西洋梨型のガラス壺：**芯のまわりに溶かしたガラスを巻いて作るコアガラスで、前14世紀のメソポタミアにみられるものよりも150年ほど古く、世界最古の例の一つである。

12 ヒッタイト王国前のアナトリアの謎にせまる

ビュクリュカレ遺跡はトルコの首都アンカラの南東約60 km、クズル・ウルマック（赤い河）の河畔にある南北650 m、東西500 mの大きさを持つ古代都市で、日本の中近東文化センター附属アナトリア考古学研究所により発掘調査が続けられている。

①**ビュクリュカレ遺跡の城壁の復元図**：都市部ではヒッタイト時代の特徴である箱式城壁が地磁気探査で確認されている。それより前のカールム時代にはアッシリア商人が活躍した交易センターがあった。

ビュクリュカレ遺跡宮殿址の発掘

②**ビュクリュカレ遺跡遠景**

③**ビュクリュカレ遺跡の宮殿址**：大建築遺構で、大火災のため日干し煉瓦が赤く焼けている。中央の部屋からはガラス壺とペンダントが、南東隅の2つの地下室からは大量の酒杯が出土した。

宮殿址の内部

④**巨石の壁**：前2000年ごろに造られたアナトリアで最初の巨石建造物で、長さ2m以上の石も使われ、未発掘部を含め高さ7mの壁が残存している。

⑤**貯蔵壺**：南側4室にはかつて穀物が貯蔵された大型壺が並んでおり、そこからは炭化したライ麦が出土している。

13 アナトリア2 ヒッタイトと鉄

メソポタミアやエジプトでは、大文明と称すにふさわしい社会が長い年月をかけて育まれていましたが、アナトリアの地に根づいたヒッタイトは、数百年のうちにこれらの国々と肩を並べるまでに成長し、オリエントの歴史にその名を刻みます。

ヒッタイト文明が存在した前1700～前1200年ごろは、ちょうど青銅器時代†の終盤にあたり、ヒッタイトの崩壊と同時期に、アナトリア周辺の多くの地域でも、海の民の襲来（第9章参照）に象徴されるように社会情勢が不安定化しました。この変化に伴うように、出土する利器の種類も青銅器から鉄器への移行がみられ、いわゆる「鉄器時代」が始まったとされています。

この鉄器時代のはじまりには、青銅に代わる新しい素材である鋼《はがね》（鉄と炭素の合金）の製造・加工技術が確立したとされますが、それがいつ、どこで、誰によって生み出されていったのかについてはわからないことが多く、その有力候補の一つとして、これまでアナトリアのヒッタイトの存在がクローズアップされていました。

今から100年ほど前、考古学者のフーゴー・ヴィンクラーが発表したヒッタイトの粘土板文書†の解読文のなかに、ヒッタイト王ハットゥッシリ3世が隣国の王に宛てた外交文書がありました。その文書には、ヒッタイトが「良質の鉄」†を王国内のキズワトナで製造し、それを献上品として外交

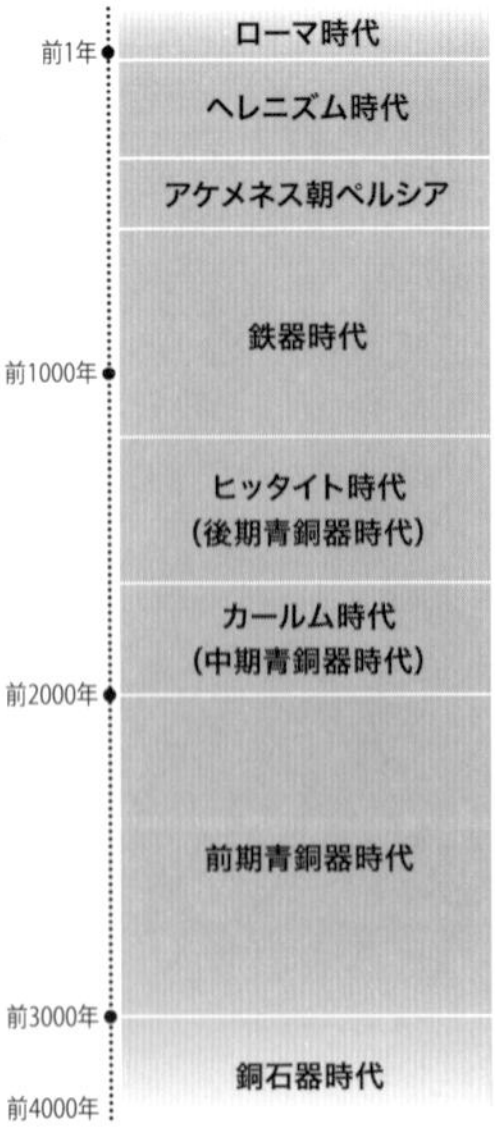

†青銅器時代　考古学の時代区分のひとつ。青銅が利器の材料として多用された時代。1836年にクリスチャン・トムセンが、人類社会の発展段階を利器の材質によって特徴づける「三時代区分法」を提唱し、「石器時代」から「青銅器時代」を経て「鉄器時代」に至るとした。現在では各地の出土遺物をもとに、より細やかな時代区分が設定されている。

†ヒッタイトの粘土板文書　ヒッタイト王国の都があった

に利用していたことが記されていました。このことから、ヒッタイト王国にすぐれた鉄製品を作る技術があったこと、これによりヒッタイトが急速に勢力を拡大したこと、さらに王国の崩壊によりその技術がオリエント各地へ拡散するきっかけになったことなどが、当時の研究者や鉱業界の人々によって提唱されました。しかしこれらの説は、ヴィンクラーによる解読文の拡大解釈と言え、粘土板文書からも出土した鉄器からも証明された事実ではありません。

実際、当時の利用状況や製作技術、材質的特徴に直接アプローチできる出土鉄器の研究に基づくと、ヒッタイト時代のアナトリアでは、使用状況の面でも、技術の面でも、まだ鉄器が青銅器に取って代わるような存在ではなかったことが示されています。例えば、ヒッタイトの鉄製品の科学的な分析をおこなっても、青銅と同等の硬さか、青銅よりもやわらかい材質のものしか今のところ見つかっていません。また、粘土板文書のみならず、さまざまな種類の出土遺物の研究が進むなかで、ヒッタイトの信仰や社会システムの特徴が徐々に明らかになり、彼らの急速な隆盛の謎に製鉄技術以外にも目を向けた多角的なアプローチがおこなわれつつあります。

そもそも、広くオリエント各地の出土遺物をみると、鉄という物質自体は、ヒッタイト時代よりはるか昔、少なくとも今より5000年以上前から、利器としてではなく宝石のような扱いで装飾品や儀礼用具に用いられてきました。それが、ヒッタイトのみならずオリエント各地で、いったいいつから利器に変化していったのか、そして鋼の製造技術がいつごろ産業レベルに到達したのかなど、まだまだ多くの不明な点があります。今後、出土製品の調査に基づく客観的な研究が進むことで、今までの定説をくつがえすような事実が明らかになることが期待されます。

【増渕麻里耶】

とされるボアズキョイ遺跡では、今から100年ほど前に大量の粘土板文書が発見され、長年にわたって解読作業が続けられた。儀礼などを記したいわゆる宗教文書を中心に、王の年代記や書簡、条約など、その内容は多岐にわたる。

†**「良質の鉄」** 粘土板文書には、「黒い鉄」「白い鉄」「良質の鉄」などさまざまな鉄の種類が記される。しかし、「良質の鉄」の指すものが、利器としての強さなのか、美しさなのか、錆びにくさだったのかは、まだわかっていない。

装飾品としての鉄

③アジェム・ホユック出土象牙製容器：ラピスラズリとともに鉄の小球が装飾として嵌め込まれている。ヒッタイト時代より前のカールム時代のもの。

④キュルテペ遺跡出土装飾ピン：ヒッタイト王国成立前の、前19世紀前半～前18世紀のものとされている。貴石や金の美しい細工が施された状態の良い箇所と、赤い鉄錆が付着し劣化の進んだ部分がみられる。

歴史を読み解く自然科学

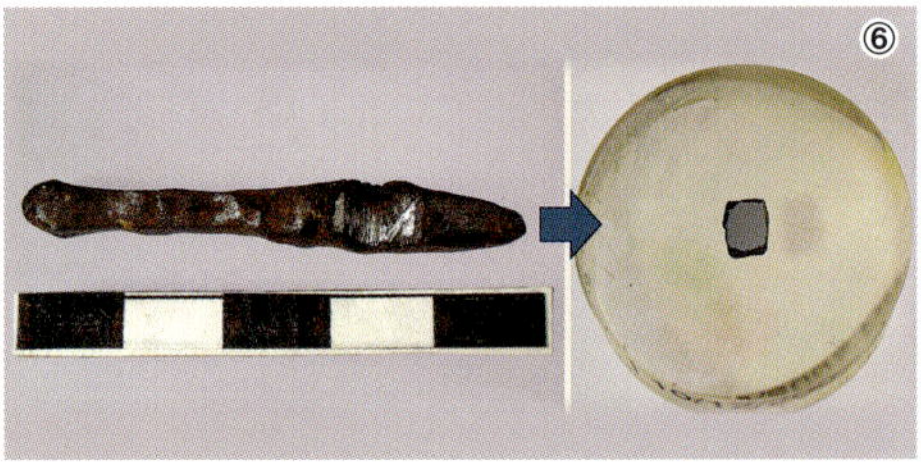

⑤出土鉄滓の分析用サンプル：鉄製品だけでなく、製錬段階で排出される鉄滓（てっさい）にも製鉄技術に関わる情報が残されている。鉄器生産がおこなわれていた遺跡からは大小さまざまな鉄滓が出土し、サンプリングの後に自然科学的な分析がおこなわれる。

⑥出土鉄製品の分析用サンプル：金属組織の観察や成分分析をおこなえる分析サンプルは破片状のものや小型の鉄製品が多い。錆びずに残っている金属部分の位置を推定し、小片をサンプリングする。

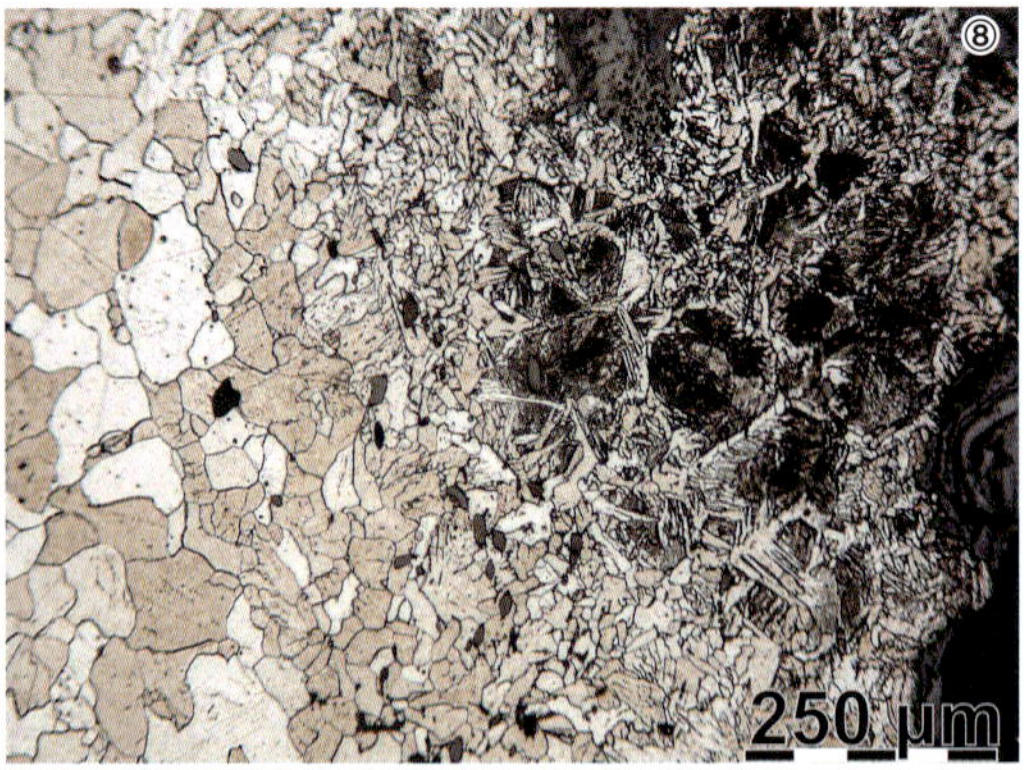

⑦出土鉄製品の状態観察（上：外観、下：透過X線像）：鉄製品の透過X線像（レントゲン写真）を観察することにより、製品を傷つけることなく、金属が錆びずに残っている部分やオリジナルの製品の形を知ることができる。

⑧出土鉄製品の金属組織：サンプリングした小片を樹脂に埋め、適切な処置をおこなうと金属組織を観察できる状態になる。この組織の形状や色は、材質や加工プロセスを推定する上で重要な情報源となる。

13 「物質」から解き明かすアナトリアの鉄

ヒッタイト王国の首都ハットゥーシャ（現在のボアズキョイ）のすぐ近くにある古代遺跡アラジャ・ホユックでは、王国成立前の前期青銅器時代にこの地を支配していた王族の墓がいくつも発見されている。その一つであるK王墓からは黄金の装飾が施された鉄剣が出土している。つまり、鉄製品を作る技術自体は、アナトリアにおいてもヒッタイト以前から存在していたことになる。

ヒッタイトの製鉄技術

①アラジャ・ホユックの王墓群（右）と鉄製の短剣（下）：鉄剣の刀身は完全に腐食しているが、これまでに何度か材質分析がおこなわれ、微量のニッケルが検出されたことから、隕鉄（いんてつ）で作られた可能性が高いとされている。

※遺跡の場所は50頁の地図参照

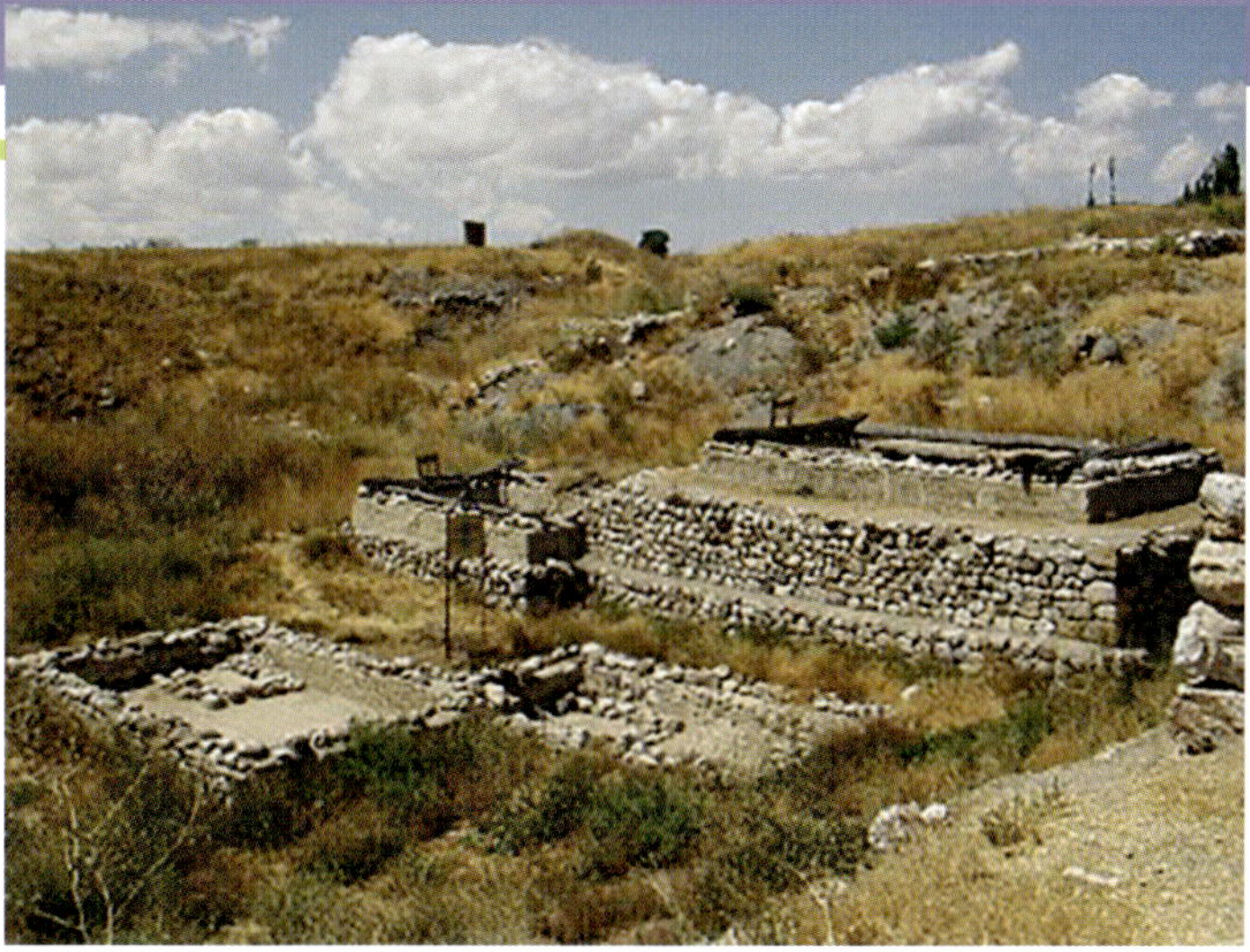

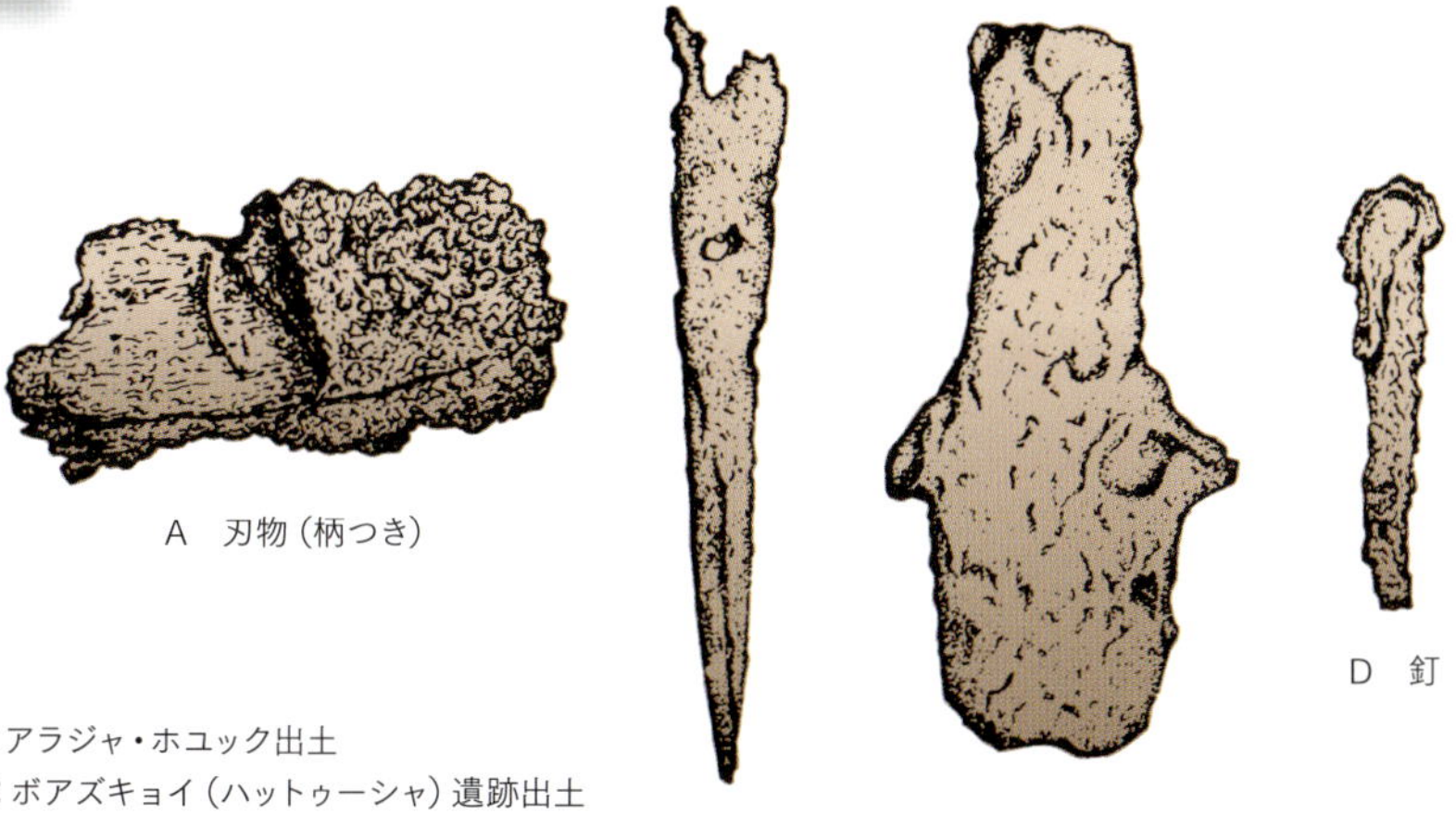

A　刃物（柄つき）

B　矛

C　斧

D　釘

A・B：アラジャ・ホユック出土
C・D：ボアズキョイ（ハットゥーシャ）遺跡出土

②ヒッタイト時代の鉄製品：金属組織の観察などから、炭素を含む鋼ではあるが、製品として良質とは言えず、さらに焙煎時に有毒ガスを発生する硫砒（りゅうひ）鉄鉱の製錬に関係する遺物も同時に出土していることから、現代と同じような鉄鉱石からの製錬がおこなわれていたとは考えにくい。

14

アナトリア3

東西文明のかけはし
―鉄器時代のアナトリア―

前14～前13世紀ごろの古代オリエント世界でエジプトと覇を競ったヒッタイト王国は、前1200年ごろに滅亡します。エジプトのラメセス3世が残した碑文には、ヒッタイトは「海の民」に滅ぼされたと記されていますが、実はその滅亡原因はよくわかっていません。日本隊によるカマン・カレホユックでの調査や、ヒッタイトの都があったボアズキョイなどの調査では、前1000年前後の層で彩文土器が発見され、ヒッタイト王国滅亡後の数世紀（初期鉄器時代）は、かつて言われていたような文字も文化もない「暗黒時代†」ではなかったことが判明しました。ヒッタイト王国は外敵に滅ぼされたというよりも、分裂して衰退したらしく、ヒッタイトと共通するアナトリア象形文字を使った人々（後期ヒッタイト†）が、トルコ南東部やシリア北部に都市国家を存続させており、ヒッタイト王国との連続性も明らかになっています。しかしこれらの国家やその文化は、シリア砂漠からやってきたアラム人の移住や、アッシリア帝国による軍事的征服により、前7世紀までには姿を消しました。

一方で、鉄器時代のアナトリアには、新たな集団が各地に登場しました。アナトリア東部のウラルトゥと中部のフリュギアです。ウラルトゥ王国の国土は険しい山地がほとんどですが、各地に山城を築き、当時新しい金属素材であった鉄器を使って、治水工事や鉱物資源を生産し、前8世紀前

†**「暗黒時代」** 元来は、ローマ帝国が衰退して史料が極端に減少するヨーロッパの初期中世を指す歴史学用語だったが、前1200年以降遺跡が減少するギリシアの考古学に応用された。さらに遺跡が皆無と以前は思われていた、同時期のアナトリアにも応用されていた。

†**後期ヒッタイト** 前1200～前700年ごろにかけて、トルコ南東部やシリア北部にあったヒッタイトの流れをくむ諸王国や文化を、前

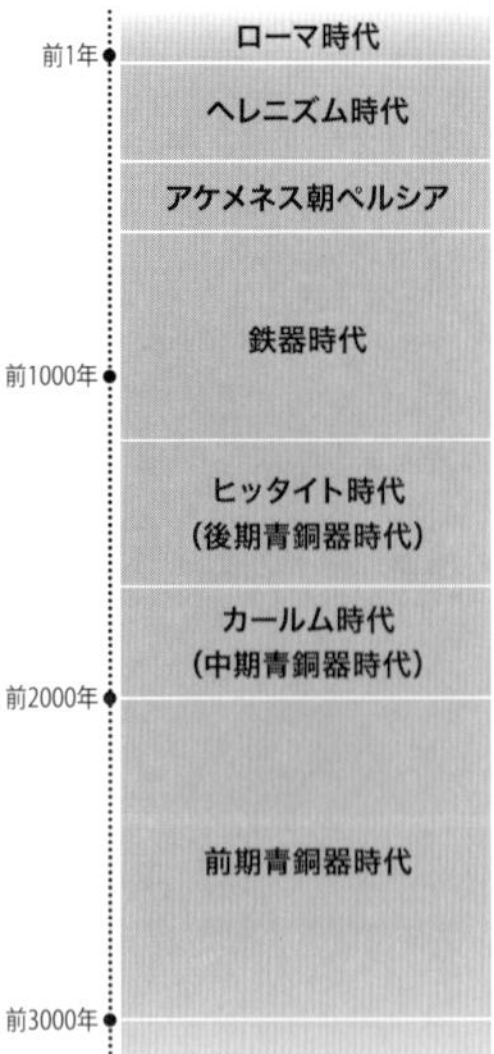

半にはアッシリア帝国を脅かすほどの勢力に成長しました。また初期鉄器時代にバルカン半島から移住してきたとも考えられているフリュギア人は、その都ゴルディオンなどに巨大な墳丘墓を多く遺しています。ウラルトゥやフリュギアは、前7世紀に現在のロシア南部やウクライナ周辺にいた騎馬民族†の南下により衰退しました。

前7世紀末には、アナトリア西部でリュディア人が興隆します。リュディア王国は金の産出や交易の富で国力を増し、世界最初の貨幣を発行したといわれています。その都であるサルディスは、前6世紀中ごろに東方から攻め込んできたアケメネス朝ペルシアにより王国が滅んだ後も、ペルシア帝国の重要な拠点となりました。

フリュギア人やリュディア人は、アナトリアのエーゲ海岸に入植したギリシア人と活発な交渉を持っており、古代オリエントの文化や知識をギリシア人に伝える役割を果たしました。その有様は古代ギリシアの歴史家ヘロドトス†が残した史書『歴史』にも語られています。またギリシアやイタリアにあった各地の神殿や墓から、奉納されたり副葬されたりした青銅製大釜（混酒器）が出土していますが、これらはアナトリアで製作され、フェニキア人やギリシア人によりギリシア世界へもたらされたものらしく、同じものがウラルトゥの各遺跡やゴルディオンの墳墓で出土しています。前6世紀にギリシア世界で最初の石造神殿や最初の哲学者たちが登場したのは、エーゲ海のアナトリア側（イオニア地方）のギリシア人都市国家においてでした。古代オリエントの影響を受けた古代ギリシア文明は、アナトリアでいち早く花開いたのです。

【津本英利】

1200年以前のヒッタイト王国と区別してこのようによぶ。ネオ（新）・ヒッタイト、あるいはシロ（シリアの）・ヒッタイトなどとよぶこともある。

†騎馬民族　現在のロシア南部やウクライナ周辺は、キンメリア人とよばれる遊牧騎馬民族がいたが、前700年前後に東方から同じ遊牧騎馬民族であるスキタイ人の圧迫をうけ、西アジアやバルカン半島へ南下した。それを追ってスキタイ人も西アジア全域へ南下し、風俗や武器、戦術などに多大な影響を残した。

†ヘロドトス　前5世紀ごろのギリシアの歴史家。ペルシア戦争の顚末やオリエントなどの地誌を記した著書『歴史』を残し、「歴史の父」ともよばれる。限られた文字史料しか残されていない鉄器時代のアナトリアには、同書は貴重な情報源である。

ウラルトゥ

⑥ヴァン城：この山全体にウラルトゥ王の居城や墓所があった。写真に写っている城跡は後世のもの。

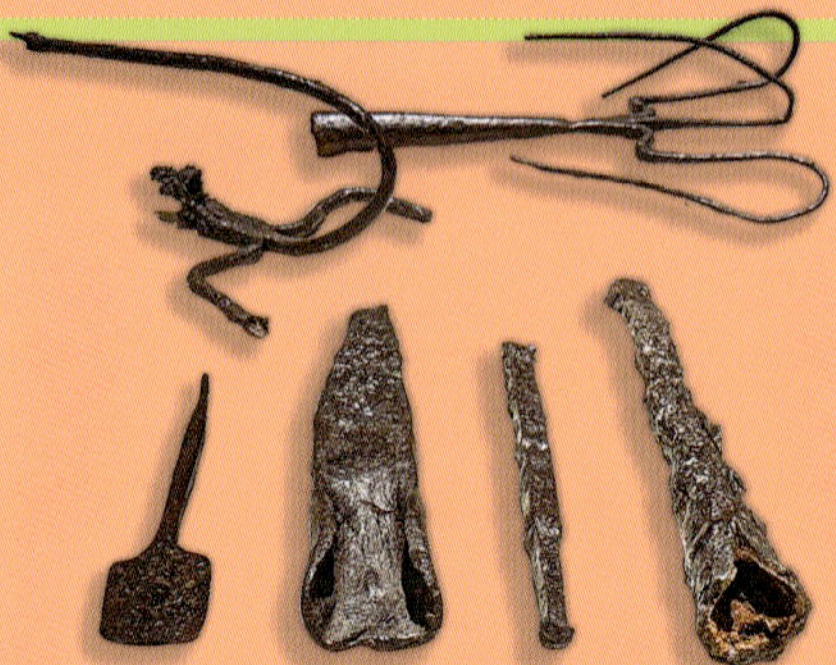

⑦ウラルトゥ王国の鉄器：アナトリア東部で出土した、前8世紀ごろの鉄器。武器のみでなく、鋤（すき）や鑿（のみ）などの農工具も多くみられる。

アナトリア鉄器時代の主要遺跡

⑧カルケミシュ出土浮彫：後期ヒッタイトの中心都市・カルケミシュの王に仕えた武装した貴族たちの姿。

⑨イヴリズ碑文：この地を治めていたトゥワナ王ワルパラワス（右）が、天候神タルフンザを礼拝する姿を刻んだ磨崖碑文。タルフンザ神は農耕の実りを示すムギとブドウの房を手にしている。神や王の右側にアナトリア象形文字による銘文が刻まれている。

ギリシア人都市

⑩エフェソスのアルテミス神殿跡：前1000年ごろまでに、アナトリアのエーゲ海沿岸にはギリシア人が入植し、多くの都市国家を築いた。

14 アナトリア鉄器時代の諸王国とその遺跡

前1200年ごろのヒッタイト王国の滅亡後、鉄器時代のアナトリアには、各地域で個性的な文化が営まれ、これらの文化は古代ギリシア文明の成立にも大きな影響を与えている。その後、前6世紀にアナトリア全域はアケメネス朝ペルシア帝国の支配下となった。

リュディア

①リュディアのエレクトラム貨幣：エレクトラムとは金と銀の合金。前7世紀ごろにリュディアで世界最古の貨幣が打刻されると、すぐにギリシアやペルシア帝国など周辺諸国にも採用された。

②サルディス遺跡：リュディアの都にあたる遺跡。すぐ近くの川で砂金が採れ、ここで金の精錬作業がおこなわれていた。左奥の山はリュディア王の宮殿があった都城。前547年にペルシア軍の奇襲により落城した。

フリュギア

③ゴルディオン墳墓出土の大釜（混酒器）：同様のものがウラルトゥやギリシア、イタリアなどで出土している。当時はブドウ酒はストレートで飲まず、水や蜂蜜酒を混ぜて飲まれていた。

④アナトリア「暗黒時代」の土器：カマン・カレホユック出土。前時代のヒッタイト王国期の土器とは大きく異なっている。文様には地中海方面からの影響もあったと考えられる。

⑤ゴルディオンMM墓：一般に「フリュギア王ミダスの墓」とよばれる、ゴルディオン最大の古墳（直径300m）。ミダス王は「触るものをすべて黄金に変えた」という古代ギリシアの説話で知られる。この墓の化学的年代測定によれば、伝えられるミダス王の活動期よりも半世紀ほど古い結果が出ている。

後期ヒッタイト

⑧

⑨

15 アルファベットの誕生 ―文字の歴史―

古代オリエントはさまざまな物を生み出しましたが、世界中で使われているアルファベット†もまた、古代オリエントに起源を持ちます。

前4千年紀後半に、メソポタミアでシュメールの絵文字が最初の文字として生み出されました。その後、やわらかい粘土の上に尖ったもので刻まれて、単語だけでなく音節も表す楔形文字へと変化していきました。

同じころに、古代エジプトでは聖刻文字（ヒエログリフ）が現れ、実務用の神官文字（ヒエラティック）も生み出されて併用されました。

前2千年紀に入ると、ギリシア方面ではクレタ聖刻文字からミュケーナイの線文字AとBが生まれた一方で、アナトリア（現在のトルコ）にも象形文字が生まれました。これらの文字は、もともと絵文字ですから、漢字のようにその事物を表す多くの文字があり、読み書きができるのは王室の記録係である書記などの特定の人に限られていました。

エジプトの影響下にあったパレスチナやシナイ半島にいた西セム人は、前17世紀ごろから神官文字を「頭音《とうおん》方式」†を使って自分たちの言語で読んだようです。前17世紀ごろからパレスチナに現れるものが原カナン文字、前15世紀ごろからシナイ半島にみられるものが原シナイ文字です。また、

†**アルファベット**　1文字1音の線文字で、30文字以下の決まった順序（ABC順など）で並ぶ文字の体系。

†**頭音方式**　例えば、「家」を表す原カナン文字「」は、ヘブライ語などではbêt「ベー

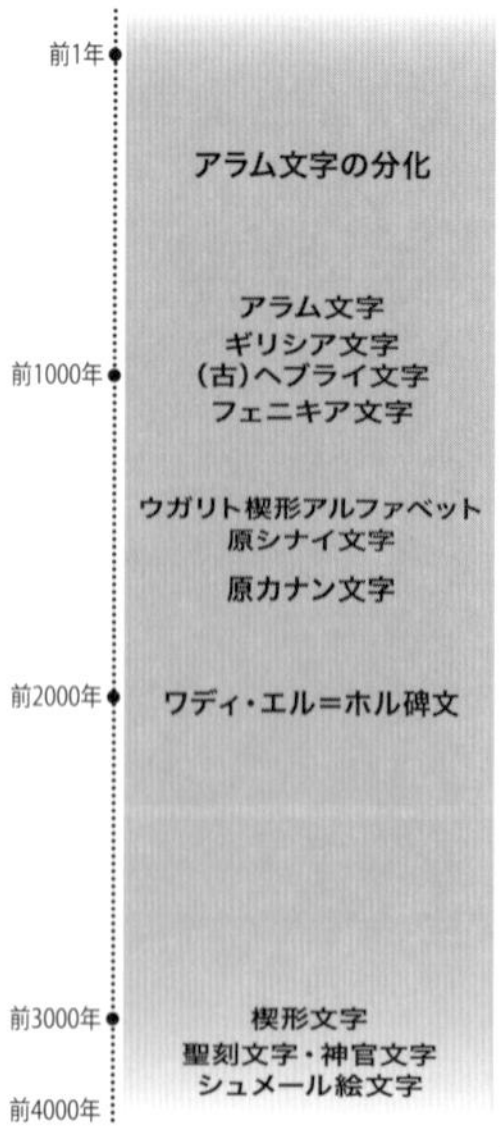

1997年にナイル川中流の王家の谷の近くで発見されたワディ・エル＝ホル碑文（前20世紀）では、神官文字を使った、似たような試みがみられるらしく、議論はあるものの「最古のアルファベット」と言われています。一方で、楔形文字のいくつかをアルファベットとして使ったのが、シリア沿岸部のウガリト楔形アルファベット（前14世紀）ですが、この文字は広くは普及せず、一部のパレスチナにとどまったようです。

　絵文字だった原カナン・原シナイ文字では、書字方向が左向き、右向き、牛耕式†とさまざまで、文字順も私たちに馴染み深いＡＢＣ順†だけではなく、原カナン文字から発達した古南アラビア文字にみられるＨＬＨ·順†もありました。このようにいくつものアルファベットが発達しましたが、前11世紀になると、書字方向が右から左に固定され、文字の構えも安定し、絵の要素を落として線文字となり、文字数も27文字から音の同化などで22文字に減って、ＡＢＣ順で記されたフェニキア文字が登場します。

　前8世紀以降のギリシア文字は、文字の形からもっと早い時期に伝わった可能性がありますが、さらに母音表記が加わって、文字の追加や減少も起こりました。その後さらにイタリア半島にわたってエトルリア文字となり、ローマ人によってラテン文字として発展し、現在に至ります。

　一方、フェニキア文字からは前9世紀以降にヘブライ文字が、前8世紀以降にアラム文字が派生しました。アラム文字は、前1千年紀のとくにアケメネス朝ペルシア帝国が広大な領土と多様な民族を支配するための共通の文字として使用したことによって、南はアラビア半島、西はエジプト、北はアルメニア、東はインドや中国まで広がりました。アラム文字はその後、インドの文字に発達したと考えられており、さらにインドの文字は東南アジアの諸文字へと発展しました。【竹内茂夫】

ト」という名前があるが、頭のbという音だけをその文字の音とする方式。

†牛耕式　牛が畑を耕していくように、例えば、1行目は左向きに、2行目は右向きに書く方式。文字のふくらみが左右どちらにあるかなどで書字方向がわかる。

†ABC順　厳密にはＡＢＧ順で、ウガリト楔形アルファベット表から考えると、ʾ B G Ḫ D H W Z Ḥ Ṭ Y K Š L M Ḏ N Ẓ S ʿ P Ṣ Q R Ṯ Ġ T のような並びになる。ＡＢＣになったのはラテン文字からである。

†HLH·順　ＡＢＣ順とは異なるH L Ḥ M Q W S2 R B T S1 K N Ḫ Ṣ S3 ʾ ʿ Ḍ G D Ġ Ṭ Z Ḏ Y Ṯ Ẓ という配列で、古南アラビア文字だけでなく原カナン文字の碑文（ベト・シェメシュ出土の楔形アルファベット表）にもみられる。

絵文字からアルファベットへ

絵文字はメソポタミアでは楔形文字に、エジプトでは聖刻文字から神官文字へと発達し、神官文字が表す語の頭の音が使われて１文字１音のアルファベットに発展したらしい。

⑤ウガリト楔形アルファベット：前14世紀、シリアのラス＝シャムラ遺跡出土。ABC順で27文字の子音と追加の3文字を持つ。

⑥「最古のアルファベット」ワディ・エル＝ホル碑文：前20世紀、エジプト中部出土。左は横書きで16文字、右は縦書きで12文字ある。

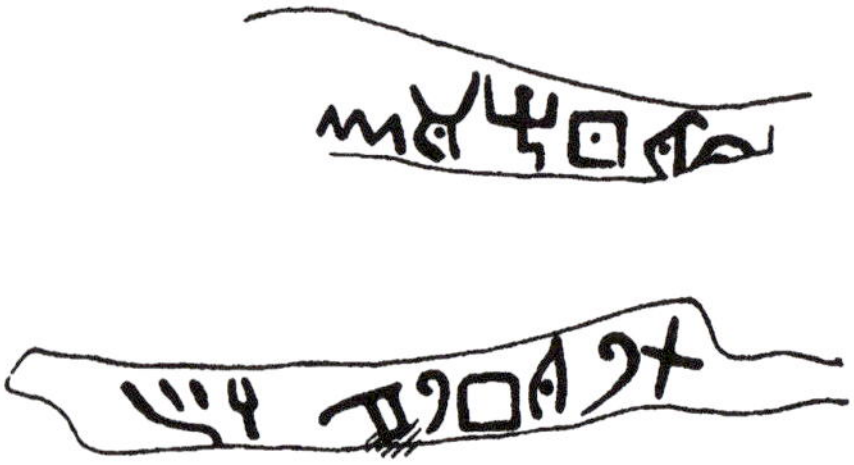

⑦原シナイ文字：前16世紀、シナイ半島のサラービート遺跡出土。スフィンクスの台座に刻まれていた。原カナン文字よりも線文字に近づいている。

⑧原カナン文字：前10世紀ごろ、ヒルベット・ケイヤファ遺跡出土。この史料は⑦よりも後代であるが、絵文字の要素が強い。

フェニキア文字からの発展

フェニキア文字は、西へは母音をも表すギリシア文字となってユーラシア大陸の各地で発展し、東や南へはアラム文字から中近東の各文字へと発展していった。

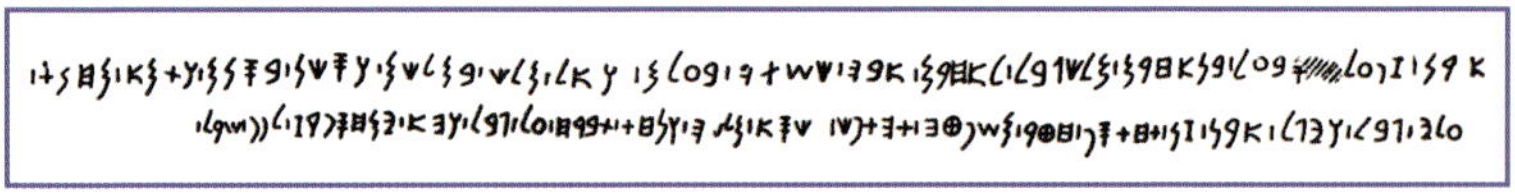

⑨最古のフェニキア文字：前11世紀、レバノン出土。ビブロス王アヒロム（アヒラム）の棺に刻まれた墓碑。絵の要素はあるものの1文字1音を表す線文字となり、書字方向は右から左に固定され、文字数は22。

⑩古南アラビア文字：前3～後3世紀、イエメン出土。ABC順ではなくHLḤ順で、29文字を区別する。月神イルムクフの神殿への奉納碑文。

⑪ギリシア文字：前8世紀、人名？のリスト。現在のギリシア文字には含まれない古風な文字（Ϝ、ϙなど）が使われている。

15 オリエントが生み出したアルファベット

アルファベットの起源は、前20世紀ごろにパレスチナやシナイ半島にいた西セム人が、エジプトの神官文字を利用して自分の言語を表したことに由来すると考えられる。前11世紀ごろに登場したフェニキア文字は、西へは地中海をわたって母音をも表すギリシア文字となり欧州の文字となる一方、東や南ではアラム文字となり、そこから中近東の各文字へと発展していった。

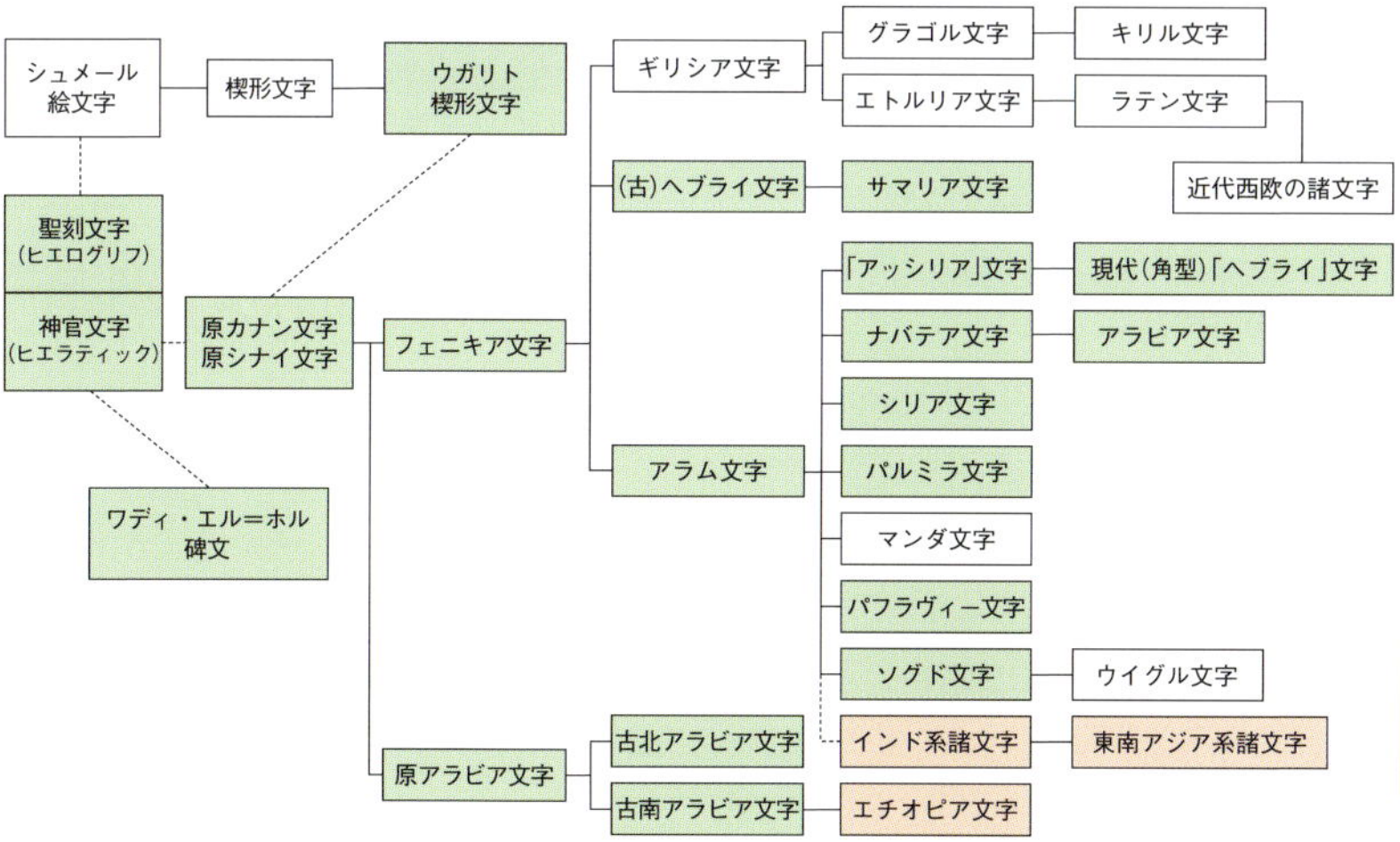

①主なアルファベットの系統図：左側の白色背景が絵文字、緑色背景が子音だけを表す文字、右側の白色背景が母音も表す文字、右下の肌色背景は日本語のかな文字と同じく音節を表す文字。

文字の誕生

文字の誕生には諸説あるが、メソポタミアでは「トークン」と呼ばれる小さな粘土の形が最初期の絵文字の形と似ており、それがモデルになったのかもしれない。

②シュメール絵文字：ウルク遺跡出土、前4千年紀後半。「ウルク古拙文字」とよばれるおそらく最古の文字。頭、足、手、脱穀板のほかに数の記録？

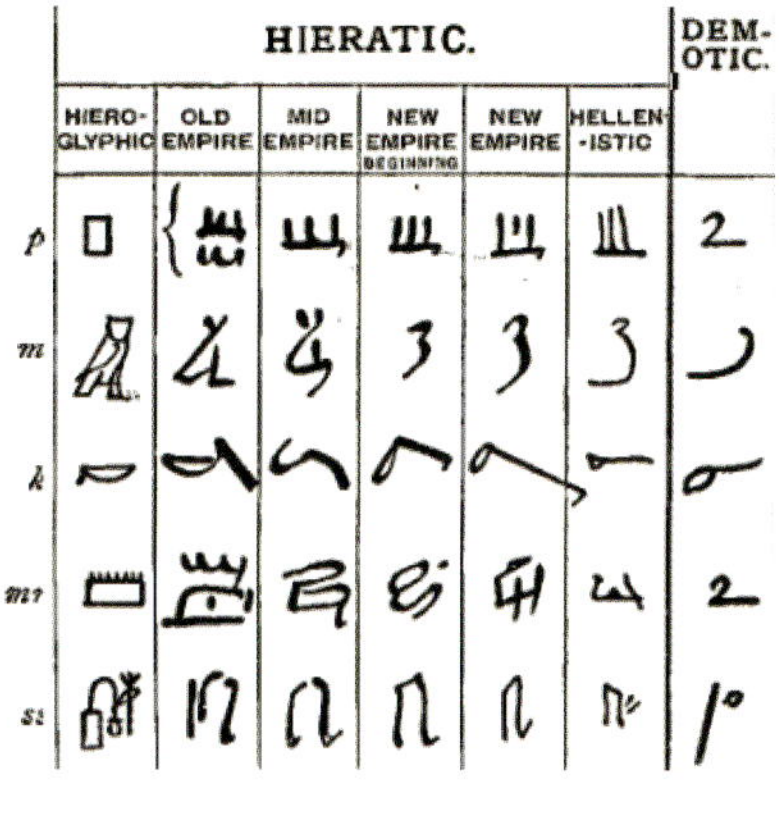

③エジプトの文字形比較：一番左が聖刻文字、中央の5種類がさまざまな神官文字、一番右が民衆文字。エジプトの文字は、表語文字としてだけでなく、1子音文字として25文字が用いられていた。

④アナトリアの象形文字と楔形文字：前13世紀後半。アルザワ系ミラの王「タルカスナワ」の姿の周囲には象形文字が、外側には楔形文字が刻まれている。

16

砂漠に暮らした遊牧の民

シリア砂漠・アラビア砂漠

農耕・牧畜の起源地として知られる肥沃な三日月地帯の南側には、年間の雨量が200ミリにも満たない広大な砂漠、シリア砂漠とアラビア砂漠が広がっています。しかし、砂漠は無人の大地では決してありません。ヒツジ、ヤギ、ラクダを飼育し、牧草地と水場を求めて季節的に移動をくり返す遊牧民が暮らしてきました。

この地の遊牧民は、農耕民と強い共生関係にあることが知られています。遊牧民は農耕民から穀物や野菜、衣服、生活雑貨などを手に入れる一方、農耕民に家畜や乳製品またトリュフや鷹狩り用の鷹など、砂漠の特産品を提供してきました。

では、いつごろ砂漠に遊牧民が登場したのでしょうか？　近年の調査によって、まず肥沃な三日月地帯に農耕社会が成立し、その後に砂漠に遊牧社会が成立したことがわかっています。遊牧民の起源に関しては、農耕民の一部が家畜を連れ砂漠に進出し、遊牧民になったとする説と、砂漠に暮らしていた狩猟採集民が農耕民から家畜を入手し、やがて家畜飼育に重きを移し、遊牧民になったとする説があります。いずれにせよ前6000年ごろから、ヒツジ・ヤギ飼育を生業の基盤とする遊牧社会が、砂漠のなかで本格的に成立・普及していきました。

古代オリエント史のなかで、とくに有名な遊牧民がアモリ人†です。彼らは、シリア砂漠のなかで

†**アモリ人**　アモリ人は、前3千年紀後半に西方からメソポタミアを脅かした遊牧の民。「アモリ人」はヘブライ語聖書での呼び方で、シュメール語では「マルトゥ」、アッカド語では「アムル」とよばれた。前2千年紀前半には、メソポタミアの有力都市を支配した。

†**ハンムラビ**　「目には目を歯には歯を」で知られるハンムラビ法典で有名なバビロン

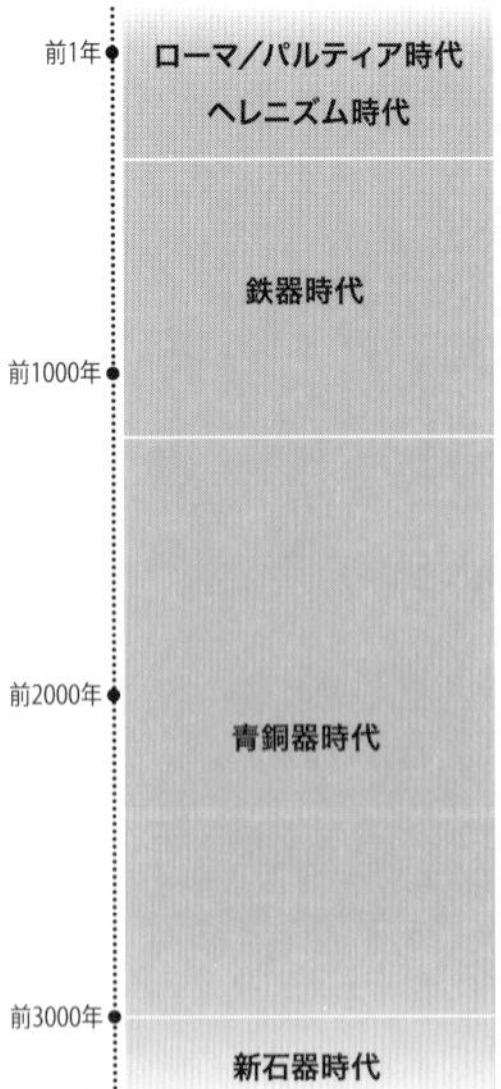

遊牧生活をしていましたが、前3千年紀後半になると故地を捨て、メソポタミア南部へ浸透していきます。当初は傭兵や労働者として暮らしていましたが、前2000年を過ぎたころから、バビロンやアッシュル、ラルサ、マリといったメソポタミアの有力都市を支配し、各地で自らの王朝を打ち立てていきます。そのため前2千年紀前半は、「アモリ人の時代」とよばれています。前1761年に有力都市を打ち破り、メソポタミアを統一したバビロンのハンムラビ†もアモリ人で、先祖は砂漠に暮らした遊牧民にたどりつきます。また、同時期にエジプトを支配した異民族ヒクソス†も、その主体はアモリ人だったと考えられています。

さて、そのあとも、遊牧社会を変容させる事件が起こります。前1000年ごろから、ラクダ飼育が普及したのです。ラクダは乾燥に非常に強く、10日に一度水を飲めば生存できるといわれています。ラクダ飼育が普及したことで遊牧民はそれまで利用できなかった極砂漠《きょくさばく》に進出し、ラクダに騎乗することによって強力な軍事力を手に入れます。

さらにラクダは、駄獣としても重宝されました。ラクダは400キログラム近い荷物を数日間、水を飲むことなしに運搬できます。そのため、多数のラクダの背に交易品を載せ、砂漠を縦断する隊商交易が発展したのです。とくにアラビア半島南部でとれる乳香《にゅうこう》、没薬《もつやく》†は、砂漠を超えメソポタミアや地中海沿岸へと大量に運ばれました。この結果、隊商交易の拠点となる砂漠のオアシスには都市が栄え、さまざまな王国が誕生します。とくに前1千年紀後半に登場した遊牧の民ナバテア人†は有名です。彼らが定住し築いた王国の中心が、ヨルダンにあるペトラ遺跡でした。この遺跡は、映画「インディ・ジョーンズ　最後の聖戦」にも登場し、世界中で有名になりました。

【安倍雅史】

の王。ラルサやエシュヌンナ、マリなどの有力都市を次々に打ち破り、前1761年にメソポタミアを再統一した。

†ヒクソス　エジプトの第2中間期に、ナイル・デルタ地帯にあるアヴァリスを拠点にエジプトを支配した異民族。「ヒクソス」は、古代エジプト語で「異国の支配者たち」を意味する「ヘカウ・カスウト」がギリシア語風に変化したもの。

†乳香と没薬　ともにカンラン科の樹木から採取される樹脂で、香料として用いられた。

†ナバテア人　もともと遊牧の民だったが、前4世紀末ごろから定住化し、ペトラを拠点にナバテア王国を築きあげた。この王国は、アラビア半島南部と地中海をむすぶ隊商交易を独占し繁栄したが、後106年にローマ帝国に併合された。

遊牧民の起源—砂漠におけるヒツジ、ヤギ飼育の最古の証拠

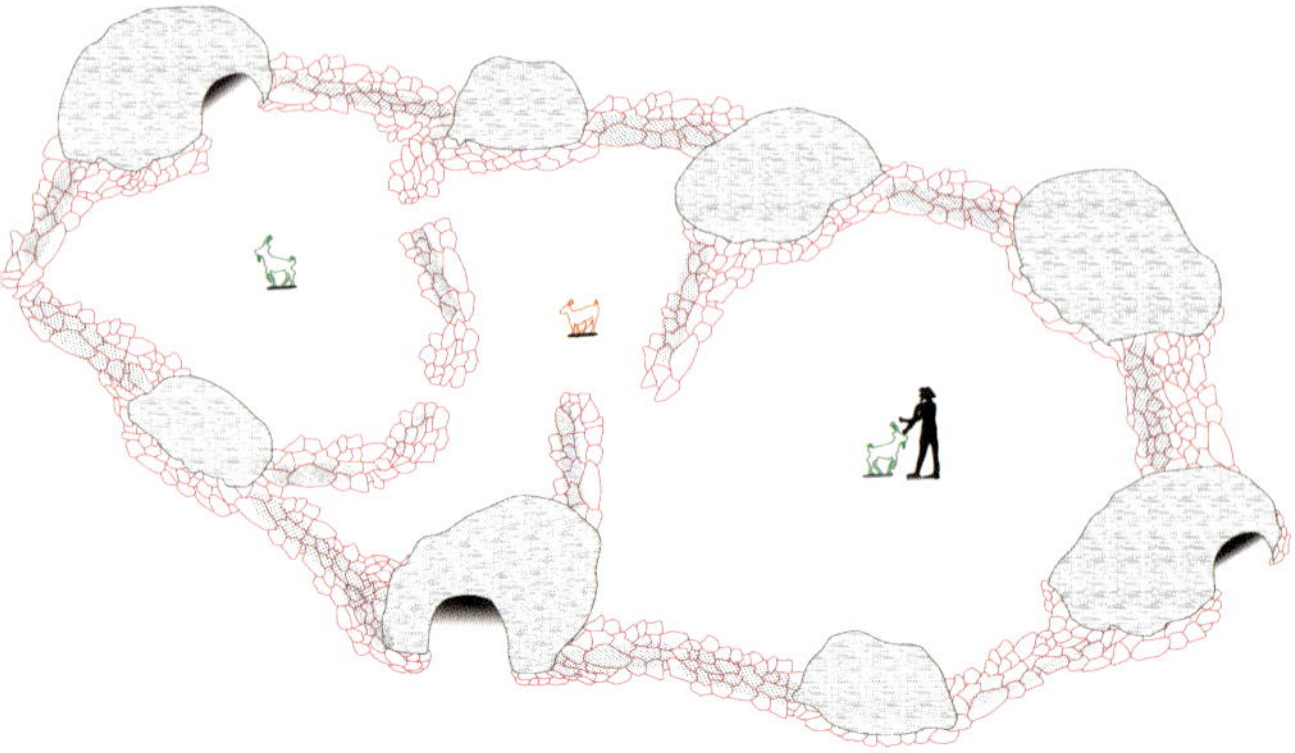

⑧**遊牧民誕生当時の遊牧キャンプの復元図：**前6000年ごろから、ヒツジ・ヤギ飼育を基盤とした遊牧社会が砂漠のなかで本格的に成立・普及していく。図は当時の遊牧キャンプの復元図であり、家畜囲いを囲うように住居が配置されている。

⑨**ワディ・アブ・トレイハ遺跡：**金沢大学がヨルダンの砂漠で発掘し、前7500年にさかのぼる砂漠におけるヒツジ、ヤギ飼育の最古の証拠が出土している。

アモリ人の時代

⑩**エジプトの壁画に描かれた東方から来た遊牧民：**ベニ・ハッサン遺跡の岩窟墓壁画。

⑪**ハンムラビ法典碑に描かれたハンムラビ**（左）**：**前1761年にメソポタミアを再統一したハンムラビ法典で有名なバビロンのハンムラビ王もアモリ人で、先祖をたどると砂漠に暮らした遊牧民にたどり着く。

隊商交易で栄えた都市

⑫**ペトラ遺跡：**前1000年ごろからラクダが普及すると砂漠を縦断する隊商交易が発展する。写真は、隊商交易で富を築いた遊牧の民ナバテア人が残したペトラ遺跡。

16 メソポタミアに覇を唱えた遊牧の民

肥沃な三日月地帯の南側には、広大な砂漠が広がっている。この乾燥した大地では、農耕を実施することはきわめて難しい。しかし、わずかながらに生える牧草地を利用して、前6000年ごろから遊牧民が暮らしてきた。中国の歴史における匈奴、モンゴルのように、古代オリエントの歴史のなかで遊牧民が果たした役割は大きい。

シリア砂漠とアラビア砂漠

多様な砂漠

砂漠の景観はじつに多様である。砂の砂漠のほか、礫（れき）が覆った礫砂漠、真っ赤な砂漠、あたり一面を真っ黒な玄武岩が覆った黒砂漠などが存在する。

①砂砂漠　②礫砂漠　③赤い砂漠（サウジアラビア）

砂漠に暮らす遊牧の民・ベドウィン

現在、砂漠にはベドウィンとよばれる遊牧民が暮らしている。現在の人口は60万人程度だが、19世紀のイラクでは人口の3割をベドウィンが占めていたという記録もある。

④ベドウィンの人々　⑤ベドウィンの天幕（ヨルダン）

ヒツジとヤギ、ラクダ

比較的湿潤なシリア砂漠ではおもにヒツジ、ヤギが飼育されているのに対し、より乾燥したアラビア砂漠では乾燥に強いラクダを飼育する傾向がある。

⑥放牧中のヒツジ、ヤギの群れ（シリア）
⑦放牧中のラクダ（サウジアラビア）

17 イラン1
メソポタミア世界とイラン世界との前線エラム

メソポタミア南部で古代都市が発達する前4千年紀以降、その東方に位置するイラン南西部でも都市が栄え、円筒印章や文字を先駆けて導入していきます。メソポタミアの記録では、この地域を拠点としていた人々あるいは勢力はエラムという名称で登場します。メソポタミアの進んだ文化がこの地に伝播していったようにみえますが、考古学による調査研究からは、そこまで単純な出来事ではなかったと考えられます。

イラン南西部はメソポタミアに連なる西側の平原と東側の高地とで構成されています。このうちメソポタミアの影響が色濃くみられるのは西側のスシアナ平原、代表的な遺跡はスーサ†です。前3千年紀にはメソポタミア勢力の統治下にありました。他方、同時期でも、高地の代表的な遺跡であるタル・イ・マルヤーン†はスーサよりも大規模で独立を保ち、また地域全体もスシアナ平原より多くの人口を抱えていたようです。つまりスーサは、メソポタミアに対するエラムの前線ではあっても、エラムの中心では必ずしもなかった、とも考えられるのです。その後、前2千年紀前半になると、スーサはメソポタミアの文化が一層普及し主要な建物が造られ、規模も拡大していきます。しかしタル・イ・マルヤーンもスーサと同様かそれ以上に発達していった様子が確認されています。

イラン南西部において平地と高地との本格的な統合、そしてエラムの独自の発達がみられるのは、

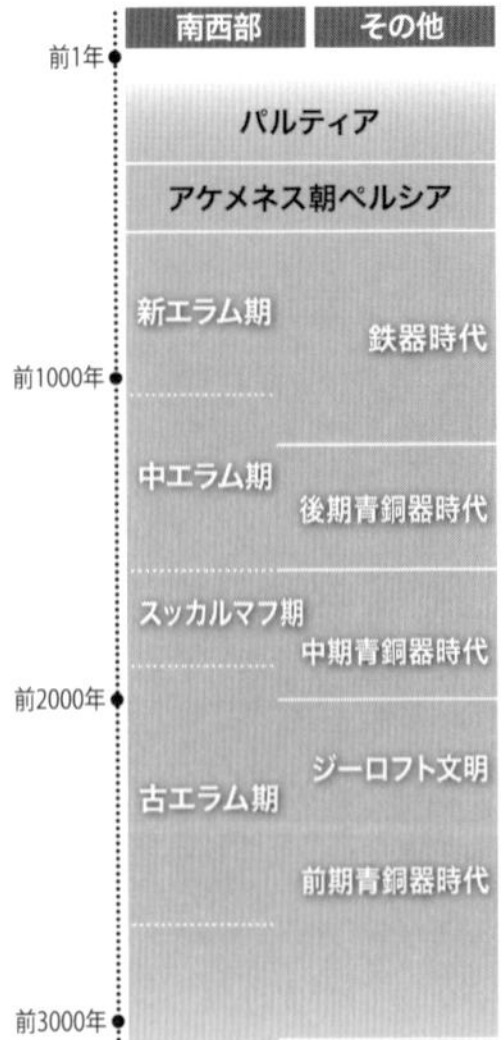

†スーサ　イラン南西部、メソポタミアに連なるスシアナ平原に位置する集落遺跡。当初は小規模な集落だったと目せるが、前3千年紀に都市化が進行し、大規模化した。エラムの首都になった後、メソポタミア勢力の侵攻で一時荒廃するも、前1千年紀にアケメネス朝ペルシア期によって修復され、宮殿が建造されて

前2千年紀半ばごろ、中エラム期にあたると考えられます。この時期、スシアナ平原では相次いでエラム独自の政治的、文化的拠点が造られました。まず、スーサの東南10キロの位置に新首都ハフト・テペが建設されました。また、ウンタシュ・ナピリシャ王の命で、宗教的拠点と目されるチョガ・ザンビールが造営されました。ここは宗教的な建物群が並び立つ特殊な場と考えられています。三重の城壁で区画されていて、中心にそびえるジッグラトの最上層にスーサの神たるインシュシナク神の神殿がある空間で、高地の神々も祀られていたのです。スーサを中心とした宗教的統合が全域で図られていたことがうかがえます。タル・イ・マルヤーンでチョガ・ザンビールと似た建造物群が見つかっていることからも、同様の事が言えるでしょう。加えて、スーサではエラム独自の文化が確立していきました。このころメソポタミア側の記録には「スーサとアンシャンの王」という名称が登場します。アンシャンはタル・イ・マルヤーンの古代名と推定されています。この名称はエラム語では「アンシャンとスーサの王」と表記されており、このことから、エラムのこの2つの都市は従属関係にあったのではなく、対外的な統合関係であったととらえられます。

その後、前12世紀にエラムはバビロニアに侵攻していることなどから最盛期とされます。しかし直後の前1100年、バビロンの王ネブカドネザル1世の侵攻で弱体化していき、前640年にアッシリア王アッシュルバニパルにスーサを破壊されて以降、復興しませんでした。前539年にアケメネス朝ペルシアに統合されます。しかしその後、エラムの培ったものはアケメネス朝に少なからず引き継がれていったのです。

【有松　唯】

首都の一つとして機能した。

†タル・イ・マルヤーン　標高1600メートルの高地に位置する都市遺跡。遺跡面積は200ヘクタールに及ぶ。大型建造物を伴う行政区画のほか、市街地の周壁も見つかっている。メソポタミアの文献に登場する古代都市アンシャンと考えられている。

タル・イ・マルヤーン

④タル・イ・マルヤーンの空撮写真：市街を囲む城壁の痕跡が見える。

⑤タル・イ・マルヤーンの工芸品：上はヒョウを模した金製の装飾品で、前4千年紀後半ごろのものと考えられる。右は彩文土器で、前3千年紀後葉から前2千年紀前葉ごろに特徴的なもの。

神々が祀られた聖地、チョガ・ザンビール

⑥チョガ・ザンビールのジッグラトの復元図：チョガ・ザンビールには一般的な居住の痕跡はなく、高地の神々も合わせて祀られた。イラン南西部の文化的・宗教的統合を象徴している。

⑦チョガ・ザンビールのジッグラト：一辺100m超で、本体は4層構造からなり、古代西アジア最大級の規模をほこる。

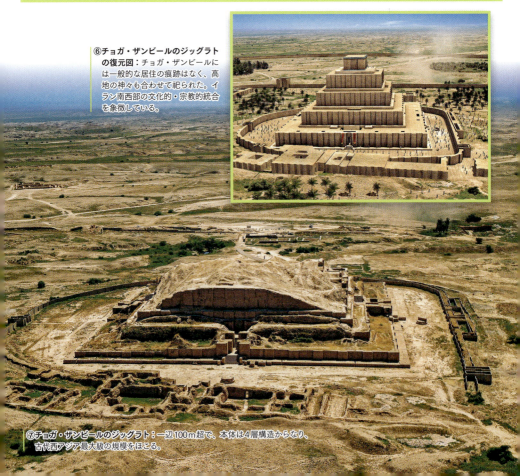

17 イラン南西部の古代勢力、エラム

イラン南西部の平野部は時にメソポタミア勢力の統治下におかれるなど、イラン世界とメソポタミア世界との窓口として機能した。高地ではその影響を受けつつも、バランスをとりながら相対していた様子がうかがえる。エラムで導入された文字や数字、建造物の装飾技術などは古代ペルシアのその後の世界にも影響を及ぼした。

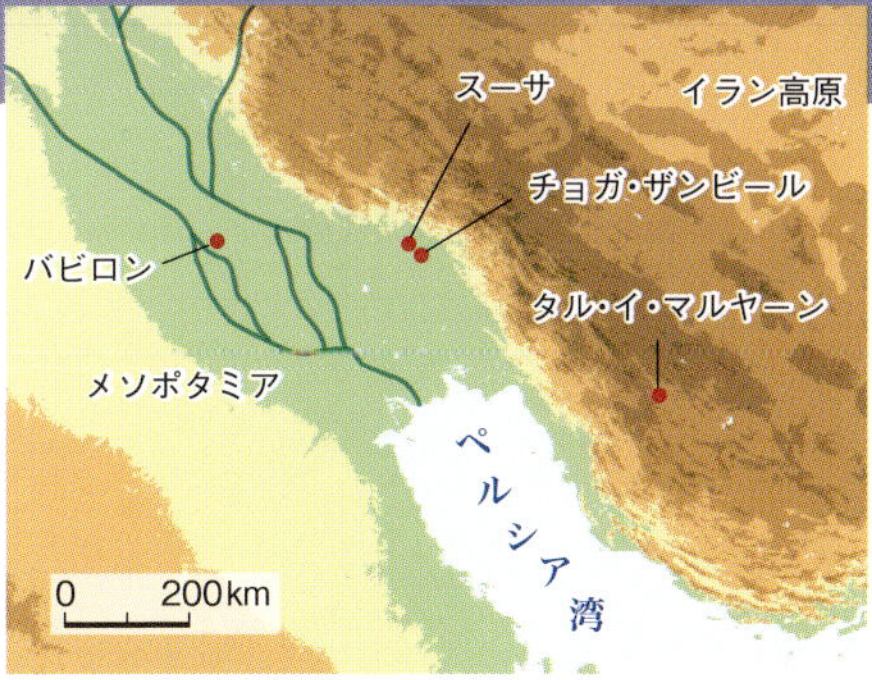

イラン南西部周辺の主要な遺跡

新しい文字の発明

①エラムの粘土板文書： イラン南西部からはメソポタミアの楔形文字が見つかるが、前3千年紀に独自の原エラム文字、また前21世紀ごろからはエラム線文字が発明されて普及していく。

エラム線文字

エラムの首都、スーサ

②スーサの中心部： 現在、地表で復元されているのはダレイオス1世が建造したとされるアケメネス朝期の王宮遺構。奥にはアパダナも見える。

③エラムの神々の装飾： スーサ神殿の壁面に施されていた。

18

イラン2
ジーロフト文明と「マルハシ」の発見

２００１年初頭、エラムが栄えた地よりはるか東では、別の文明に関する発見がありました。現在のイラン南東部にあたるハリール・ルード川流域では洪水が発生し、川沿いの土地が浸食を受けて、５０００〜４５００年前の墓地遺跡マフトーターバードが露出したのです。盗掘者たちが墓を暴いて掘り出した多数の副葬品が世界の骨董市場に流れたため、警察と考古学者たちが捜査に乗り出し、盗掘品の流通ルートをたどることでそれらがジーロフト市付近から盗掘されたことを突き止めました。

この遺跡の発見を機に明らかとなった古代文明はジーロフト文明、あるいは近隣の川の名前からハリール・ルード文明とよばれます。以下では、エラムやメソポタミアと比べていまだ謎の多いジーロフト文明に関する近年の調査を紹介します。

２００３年からはイランの考古学者たちの手による、前3千年紀の大規模遺丘コナル・サンダル南・北の第１次発掘調査が始動しました。南丘は「城砦」とよばれる周壁に囲まれた小高い地区と、その周囲に広がる「市街地」から構成されていたと考えられます。南丘西側の発掘調査からは、泥レンガで造られた10メートル以上の厚さの周壁が見つかりました。さらに赤地・灰地の黒彩土器のほか、印章、単純な幾何学形の文字が記された粘土板も見つかり、現在も文字の解読作業が進めら

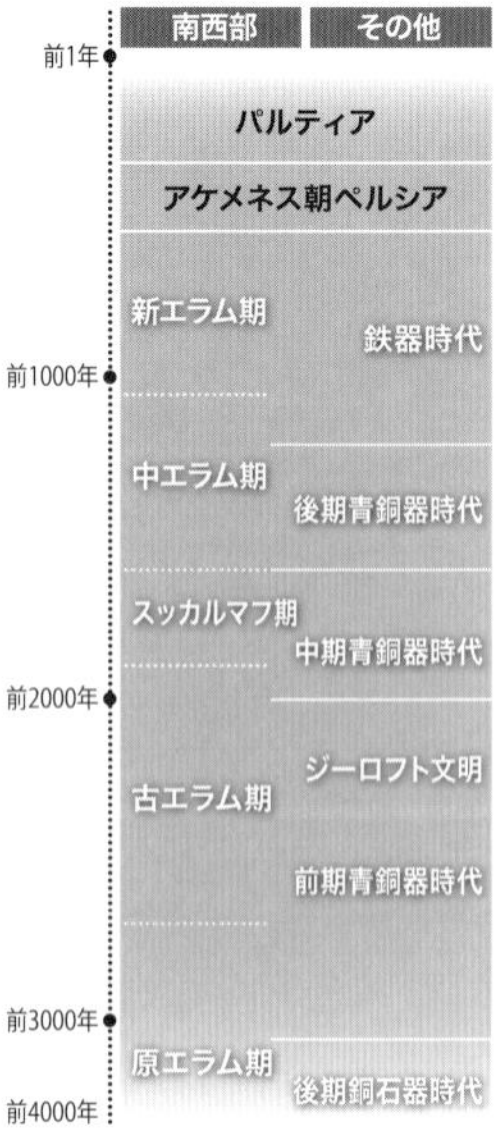

れています。

２０１０年代以降、イランと欧州各国の調査隊を中心に、ジーロフト周辺での調査が継続されています。イタリア隊が盗掘された墓群を精査し、未盗掘墓を発見・発掘したおかげで、当時の墓制を知る手がかりが得られました。ドイツ隊はジーロフト周辺を踏査し、ジーロフト文明が形成されていくなかで遺跡分布がどのように変化したかという研究に取り組んでいます。近年はイランの考古学者たちの活躍により、ハッジアバード＝ヴァラミーン遺跡にて、ジーロフト文明が成立する以前の墓が発見され、土器や青銅器を中心とする多数の副葬品が出土しました。現在考古学者たちは、ジーロフト文明の起源の解明に向けてさらなる調査に取り組んでいます。

ジーロフト文明は、彩文土器やクロライト†製容器といった物質文化が特徴的です。とくにクロライト製容器についてはこれまでに多くの研究が蓄積されています。表面には人間、ヘビ、サソリ、ウシなどさまざまな動物が描かれており、波のように描かれた水の表現から、メソポタミアの洪水神話とのつながりを主張する考古学者もいます。

メソポタミアの文献資料には、金、銀、ラピスラズリといった貴石で栄えたアラッタ†という地が登場します。イランの考古学者マジードザーデはジーロフト文明をアラッタに比定していますが、マルハシ†という別の地だと主張する文献史学者もいます。同時代のアッカド帝国の碑文にマルハシの名が現れることから、ジーロフト文明をマルハシとする説が現在有力です。以上ジーロフト文明の概略を紹介しましたが、その詳細は今後の調査にかかっています。

【三木健裕】

†**クロライト**　ケイ酸塩鉱物の一種で緑泥石（りょくでいせき）ともよばれる。イラン南東部周辺に産地があり、石製容器の原材料として使われた。

†**アラッタ**　シュメール語の物語『エンメルカルとアラッタの王』に現れる土地。物語によれば古代都市ウルクはアラッタとの争いに勝利し、金、銀、ラピスラズリなどを得たとされる。イラン南東部にあったと考えられるが、具体的な場所はいまだ明らかでない。

†**マルハシ**　前3千年紀のイラン南東部にあったとされる土地。エラム（現在のイラン南西部）の東方にあったとされる。

ジーロフト文明の工芸品

さまざまな工芸品がジーロフト文明の遺跡から見つかっているが、この文明をとくに特徴づけているのが、クロライト製容器を代表とする石製品である。そうした石製品に描かれた図像は、当時の文化や交流を探る手がかりとなる。

④クロライト製容器：ヘビなどさまざまな動物が描かれている。

⑤クロライト製容器：渦のような波の表現は洪水を表し、メソポタミアの洪水神話との類似性を指摘する考古学者もいる。

⑥女性像：女性の腰に巻きつき、右手でつかまれているのはヘビと考えられる。

⑦石製分銅：中央の男性が両手で獰猛な動物の尾をつかみ、従えている。

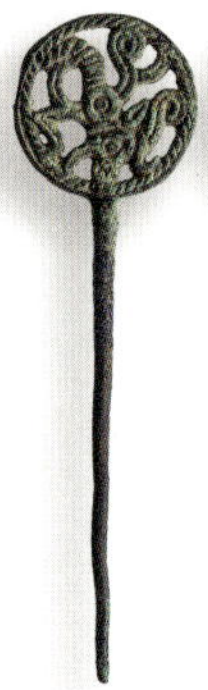

⑧銅製ピン：端部には、頭部から波が出ている雄牛の透かし細工が付属している。

ジーロフト文明成立前の埋葬址

ハッジアバード＝ヴァラミーン遺跡はおよそ前3000年ごろのジーロフト文明成立前の埋葬址で、豊富な副葬品が出土した。

⑨銅器と銅斧：盗掘品ではなく、小型の穴に埋納された状態で発掘された。

⑩1号墓：カタコンベ型の墓であり、土器を主体に銅製品、ビーズ、貝など90点の副葬品が出土した。

18 洪水により発見された知られざる文明

前3千年紀に栄えたジーロフト文明を代表するのは、さまざまな意匠が施された石製容器である。多くの動物や風景からなる石製容器や、銅製品、彩文土器が見つかっている。近年では盗掘された墓の再調査や、近隣遺跡の発掘も精力的におこなわれ、ジーロフト文明の成立過程を解明しようと試みられている。

ジーロフトとエラム、メソポタミアの位置関係

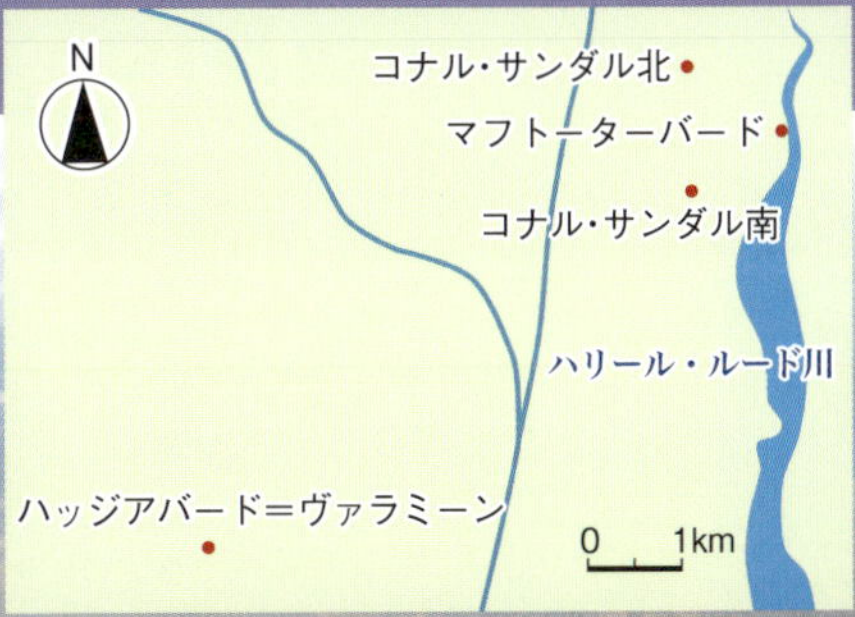

ジーロフト周辺の遺跡

①ハッジアバード＝ヴァラミーン遺跡周辺の景観：ジーロフト文明が乾燥した地域で興ったことを物語る。

ジーロフト文明の都市遺跡、コナル・サンダル南

盗掘された墓地マフトーターバードからほど近い距離に位置する大型の遺丘である。「城砦」と「市街地」からなり、周壁が検出されたほか、土器、粘土板や印章が出土しており、当時の暮らしを復元する手がかりが得られた。

②コナル・サンダル南遺跡：イランの考古学者たちが発掘調査をおこなった。

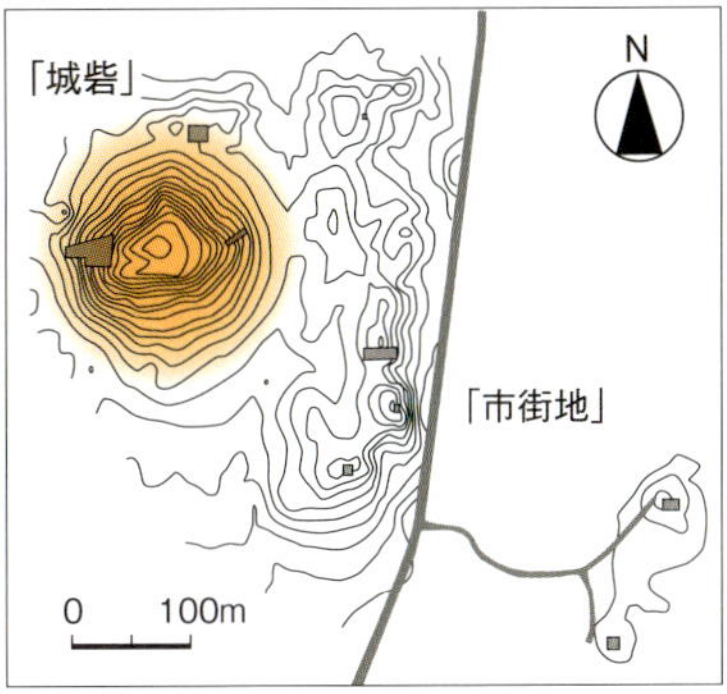

③コナル・サンダル南遺跡で見つかった粘土板：
幾何学形の文字はジーロフト文明特有である可能性があるが、未解読である。

19

イラン3
世界帝国アケメネス朝ペルシア

アケメネス朝ペルシアはイランの地から興りオリエントを統一したはじめての覇権勢力ですが、起源には謎が多く残されています。これは、ペルシア民族が北方草原地帯に由来するインド＝ヨーロッパ語族で、文字を使う習慣がなく、記録が残らなかったことにもよるのでしょう。

帝国化の初期の様相は最初の首都パサルガダエにみられます。エラム、アッシリア、エジプトといった文化を融合した浮彫が建造物に施されており、また、ペルシア式庭園や列柱を伴う広間アパダナ†などペルシア文化様式の原型が見出せます。築いたのはアケメネス朝ペルシア興隆の祖であるキュロス2世で、前6世紀後半にメソポタミアを征服して領土を大幅に拡張した人物です。パサルガダエは首都としては未完ですが、キュロス2世とその次代の王のカンビュセス2世の墓があり、聖地として崇められました。

古代帝国の様相は前6世紀後葉、ダレイオス1世の治世以降、碑文や粘土板に遺されるようになります。例えばベヒストゥーン碑文は、ダレイオス1世が他民族の上に立ち即位する経緯や、神から授けられた正統性を、浮彫による絵画とアッカド語、エラム語、古代ペルシア語による碑文とで表しています。メソポタミアのバビロンとペルシア帝国の首都エクバタナを結ぶ幹線道路†に面した岩壁に刻まれており、ここを往来する人々へのメッセージでした。また、スーサの再建では、諸民

†アパダナ　列柱を伴う広間。前9世紀以降のイラン北西部の大型建造物で特徴的にみられるようになる。

†幹線道路　アケメネス朝が広大な領土の統治のため、主

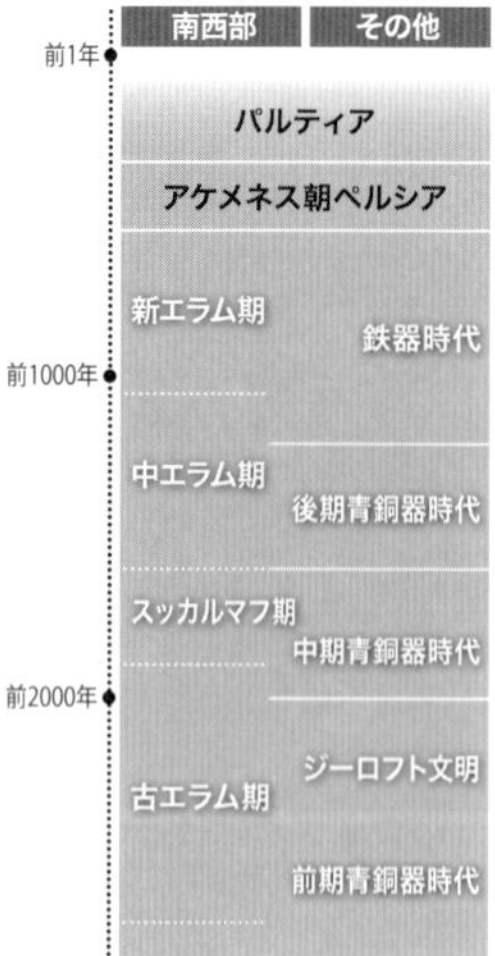

族が各々の技術の粋をもって参画した事が、ダレイオス1世の銘入り碑文に記されています。首都の再建事業を通しても、アケメネス朝の権威とその下にあることを諸民族に知らしめたのです。

ペルシア文化の頂点がもうひとつの首都ペルセポリスです。ラマハト山の中腹にあり、造成したテラスにそびえる建造物群の中心はアパダナで、数千人を収容できる大広間となっています。その基壇には王の謁見のために列をなす諸民族が描かれています。浮彫に描かれたものと同じ器がアナトリアのサルディスで見つかっており、謁見の儀礼に通じる文化慣習が、征服地であるアナトリアでも普及していたと考えられます。テラスに連なる大階段を上り、正門をくぐってアパダナに到り、ペルシア式庭園を眺めるころには、訪問者はペルシア民族の優位や王の権威を思い知ると同時に、自分たちの文化伝統に通じつつも刷新された世界に魅了されていたことでしょう。

ペルシアの文化慣習に憧れを抱かせ浸透を促すことは、多民族の統治にあたり重要な意味があったと考えられます。ペルセポリスとともに権威の場であったのが王の墓地であるナクシュ・エ・ルスタム†で、ペルセポリスの北方4キロに位置します。岩壁をくり抜いた空間に設置した棺に、王のミイラが安置されました。外側の岩壁には、アケメネス朝の王が服属民族の上に立つ浮彫とともに碑文でも「諸王の王、全民族の国々の王」たることを記しています。

アケメネス朝のこうした多民族統治のしくみはそれまでの古代国家の集大成と位置づけられます。アケメネス朝は前330年、アレクサンドロス大王の侵攻で幕を閉じました。最後の王ダレイオス3世の墓はペルセポリスで建造途中のまま発見されています。しかしアケメネス朝が築いた古代国家としてのしくみは、ローマ帝国はじめ後世に大きな影響を与えたと考えられています。またその文化は、今日まで続くイラン文化の基礎となりました。

【有松　唯】

要な都市をむすぶ道路や駅舎を整備したことはよく知られている。イラン南西部のスーサから小アジアのサルディスに至っていたとされる「王の道」は最も有名な例だろう。そうした主要な道ではペルシア民族以外には通行税を課すなど、アケメネス朝の財源ともなっていた。

†ナクシュ・エ・ルスタム　ダレイオス1世以降のアケメネスの王と王妃の墓所。岩壁をくり抜いた空間にミイラ化した遺骸を安置していたと考えられている。

アケメネス朝の首都、ペルセポリス

③北東からの眺望：右側は正門（クセルクセス門）、左にアパダナ（大広間）が位置する。

④王宮の浮彫：雄牛を狩る獅子のモチーフは歴代の王の宮殿に好んで用いられた。

⑤王と従者の浮彫：当時、アケメネス朝の宮廷文化の影響で日傘が流行したともいわれる。

⑥アパダナの基壇の浮彫：王の謁見にむかう諸民族の列が描かれている。副葬や貢物など、民族ごとの習俗を写実的に表現している。左の人物が持つ器と同様のものがアナトリアのサルディスから出土している。

19 ペルシア古代帝国の創造

アケメネス朝はペルシア文化の基礎を築いた。そこでは独自の様式をつくり上げつつも、メソポタミアやエラムのみならず、エジプトも含めたオリエントの諸文化の要素を包摂し、また同一化も促している。そのあり方は多民族国家を体現しているとともに、実際の統治のしくみとしても機能していたと考えられる。

アケメネス朝ペルシアの最大領域

西アジアの全域に加え、一部南アジアからエジプトまでを領土とした。主要都市は幹線道路（「王の道」）でつなぎ、通行税を徴収したという。各地の文化や民族的なまとまりは維持しつつ、ペルシア式の建築様式や宮廷文化を辺境でも導入するなど、「諸民族の王」たるペルシア民族の優位を確立していった。

ダレイオス1世の治世（前522～前486年）におけるアケメネス朝ペルシアの領域

歴代の王が眠る霊廟、ナクシュ・エ・ルスタム

①金製のリュトン：アケメネス朝期のものと目されている。口を開けて爪を立てて威嚇するような獅子モチーフはアケメネス朝の宮廷文化で好まれた。

②ナクシュ・エ・ルスタム：岩壁を掘り抜いた空間に王の棺を納めていた。右からダレイオス1世墓、アルタクセルクセス2世墓、ダレイオス2世墓。

20 ペルシア湾岸1
オマーン半島に栄えたマガン

ペルシア湾は南北をサウジアラビアとイランに挟まれた、細長くのびた湾です。こうしたペルシア湾岸の地域は、前24世紀の楔形文字資料にはじめて現れます。楔形文字資料には、メソポタミアのアッカド帝国の王サルゴンがマガンという地へ侵攻したという記述が登場します。マガンは現在のアラブ首長国連邦とオマーンの周辺にあったとされています。マガンは資源の乏しいメソポタミアにとって銅の最大の供給源の一つであり、ペルシア湾とインド洋を舞台とした、メソポタミア文明とインダス文明をむすぶ海上交易の中継地点でもありました。以下では近年の考古学調査の成果を交え、マガンはどんな歴史をたどり、どんな社会だったかを述べていきます。

マガンに栄えた文化の萌芽期であるハフィート期（前３２００～前２７００年）の文化は、丘陵上に分布する積石塚《つみいしづか》が特徴です。そうした積石塚はオマーン半島全体で10万基以上も存在すると推定されています。積石塚からはメソポタミアから搬入されたジェムデト・ナスル式†とよばれる土器が見つかることがあります。考古学者たちは無数の積石塚の分布をＧＩＳ（地理情報システム）で分析し、積石塚は境界ないし資源を示す目印だったのではないかと議論しています。沿岸部は漁労、内陸部は牧畜を中心に遊動的な生活を営んでいたとみられています。この時期からナツメヤシ栽培を中心とするオアシス農耕や銅の採掘が一部で始まり、後の発展の礎となりました。

†ジェムデト・ナスル式　ジェムデト・ナスル遺跡（イラク）出土の土器を標式とする文化。およそ前３１００～前２９００年に盛行し、彩文が施された壺を特徴とする。

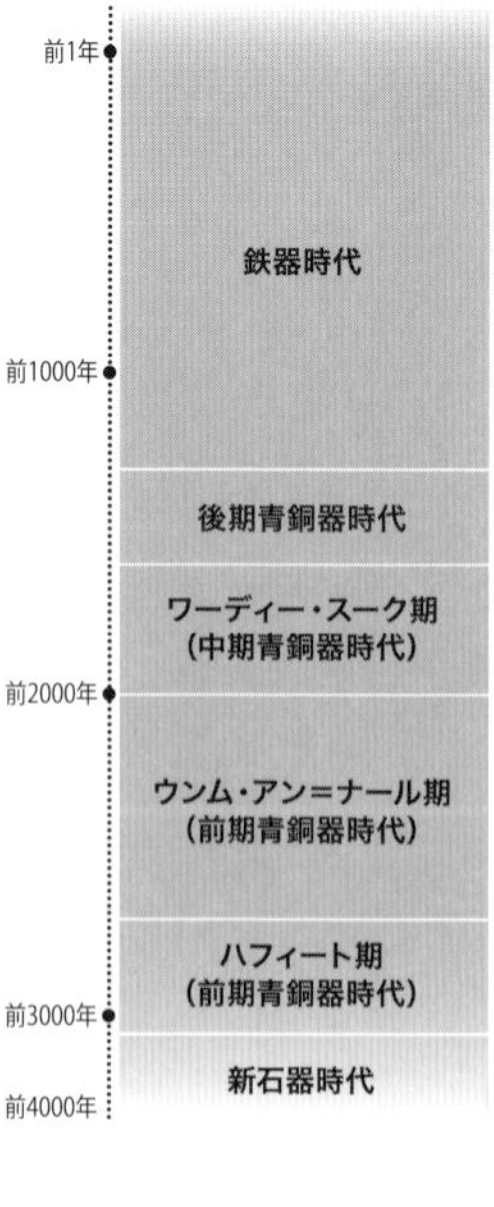

前2700年ごろになると、ウンム・アン＝ナール文化とよばれる独特の文化が花開きました。発掘成果からは、オアシスでのナツメヤシ栽培、牧畜、漁労を生業とする定住的な生活を営んでいたことがわかっています。各オアシス村落には「タワー」とよばれる大型の円形基壇があり、中心に井戸が存在することから、当初は給水施設であったとみられます。この時期には積石塚より大型の円形集葬墓を段丘上に、ブロック状の切石で築造するようになります。墓内と墓周辺では、再葬†を示す複雑な葬送行為がおこなわれた証拠が見つかっており、共通の祖先を崇拝して団結することにより社会内の格差拡大を抑えようとしたのではないかという解釈もあります。

先述のとおり、この時期にマガンは銅の産地として、メソポタミア、インダス両文明との交流がもっとも活発になりました。近年のダフワやサルートといったオマーン内陸部の遺跡の発掘調査からは、インダス文明の人々が暮らしていたことを示す多数の遺物が見つかっており、彼らが沿岸部に短期間逗留していたのみならず、内陸部にも長期間滞在していたことがわかりつつあります。

前2000年以降のワーディー・スーク期になると4・2kaイベントによる乾燥化がマガンの社会に大きな影響を与えたようです。定住的な村落の証拠は沿岸部をのぞいて減少し、内陸部では遊動的な生活に逆戻りした可能性があります。集葬墓に代わり単葬墓が主に造営されました。こうした社会変化が乾燥化による衰退か、それへの適応か、いずれによるものか議論が分かれています。それでもマガンでの銅採掘は継続され、メソポタミアとの銅交易の中継地として栄えたディルムン（第21章参照）に、銅を供給していました。この時期の墓や集落からは、ディルムンで作られた土器が見つかっています。メソポタミアと異なり、マガンには文字資料が残されていません。しかし今後の調査により、メソポタミアとインダスの両文明で栄えた社会の実態が明らかになるでしょう。 **【三木健裕】**

†**再葬**　遺体を埋葬し、白骨化した後に取り出して、埋葬し直すこと。

墓制の変遷

ハフィート期からワーディー・スーク期にかけてのおよそ1600年の間に、墓の形態、立地は大きな変化をみせる。墓制変化の背景には、気候変動の影響を受けた生業や社会の変化があったと考えられる。

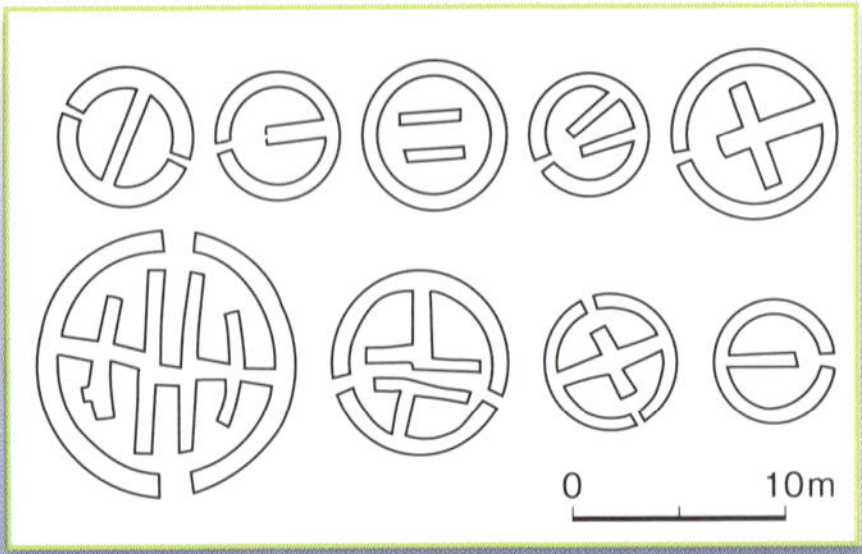

④**円形墳墓の構造**：ウンム・アン＝ナール文化の円形集葬墓の平面図。墓の内部は石壁で区画されていた。

⑤**円形墳墓**：バート遺跡群。ウンム・アン＝ナール期には大型の円形墳墓が集葬墓として長期間利用された。手前には二次埋葬用の土坑がみられる。

⑥**単葬墓**：サマド・アッシャーン遺跡。ワーディー・スーク期になると集葬墓以外にも、単葬墓が登場する。

工芸品の生産

マガンは銅の産地として栄えたものの、当地から出土した青銅器はそれほど多くない。物質文化としては、周辺地域より遅れて生産が始まった土器や、ハジャル山脈の石材資源を利用した石製容器が挙げられる。

⑦**赤色黒彩土器**：バート遺跡群出土土器。ウンム・アン＝ナール期の赤色黒彩土器はイラン南東部の影響がみられ、また墓から出土することが多い。

⑧**鈍黄色黒彩土器**：バート遺跡群採集土器。ウンム・アン＝ナール期後半には土器生産が本格化し、鈍黄色黒彩土器が多量に作られるようになる。

⑨**石製容器**：タヌーフ、ムガーラトゥ・ル＝キャフ洞穴採集石製容器。ワーディー・スーク期には円点文の段が多段化する。また、墓から出土することが多い。

20 文明のはざまに栄えた積石文化

メソポタミアの文献資料に現れ、銅の産地として栄えたマガンは、各時期に特徴的な形の墓や円形基壇が築かれ、地中に埋もれずに露出した形で存在している。最盛期になると、彩文が施された土器や石製容器といった工芸品が生産されるようになった。

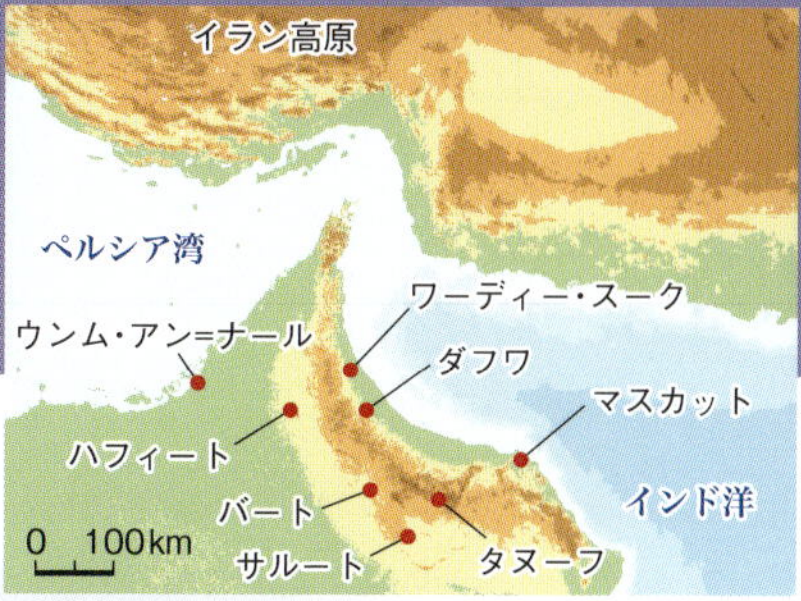

アラビア半島南東部の遺跡

オアシス村落のシンボル

アラビア半島のハジャル山脈周辺に栄えた文化は、近傍の豊富な石材資源を利用してユニークな石造物を数多く残した。そうした石造物の構造や分布を調べることで、石造物が果たした役割や意味にせまることができる。

①**積石塚**：タヌーフ近郊、アッスワイヒリーヤ遺跡。ハフィート期では牧畜を営む人々が積石塚を築いた。その数は約10万基にも及ぶ。

②**円形基壇**：サルート遺跡。中央に井戸が見える。周辺からインダス文明期の土器が多数確認された。

③**円形基壇**：バート遺跡群。ウンム・アン=ナール期には中央に井戸をもつ円形基壇（タワー）が建てられた。給水施設と考えられる。

21

ペルシア湾岸2

メソポタミアとインダスをむすんだ海洋の王国ディルムン

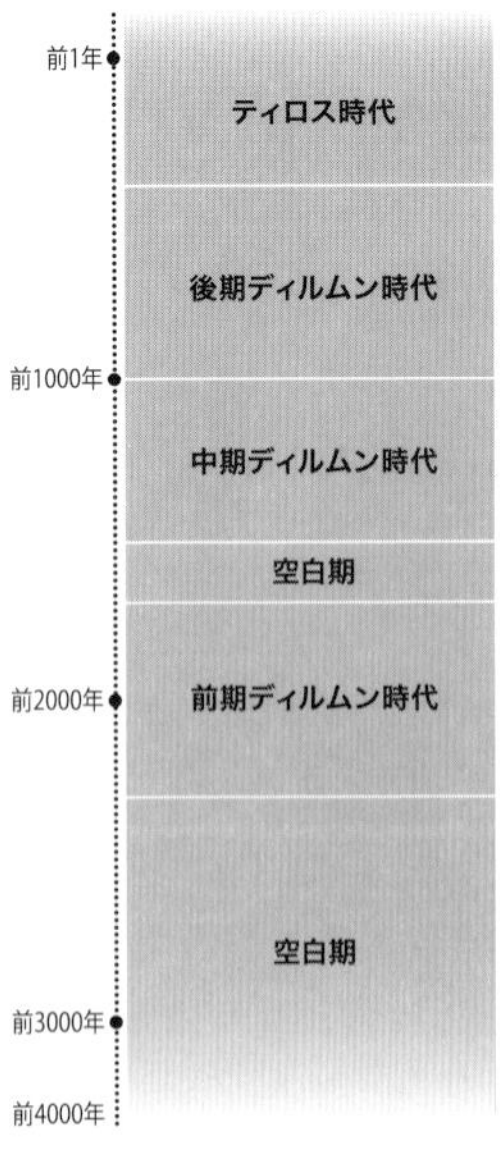

バーレーンは、ペルシア湾に浮かぶ東京23区を一回り大きくした程度の小さな島国です。かつてこの地に、ディルムンとよばれた海洋の王国が栄えました。

前4千年紀のメソポタミア南部において、世界最古の文明であるメソポタミア文明が誕生します（第5章参照）。メソポタミア南部は、年間の降水量が200ミリにも満たない乾燥地であり、またユーフラテス川とチグリス川が運んだ泥が堆積してできた巨大な沖積平野です。そのため金属や貴石、良質な木材といった文明生活を営む上で必要不可欠な資源が存在せず、こうした資源を周辺地域から獲得する必要がありました。

ここで活躍したのが、ディルムン†でした。この王国は、前2000年から前1700年にかけて、メソポタミア南部とオマーン半島そしてインダスをむすぶ海上交易を独占し、繁栄しました。メソポタミア南部には、ディルムンの商人によって、オマーン半島の銅、インダスの砂金や象牙、紅玉髄、良質な木材、アフガニスタンのラピスラズリや錫《すず》、ディルムンでとれる真珠など、大量の物資が運び込まれました。メソポタミア文明を物流の面から支え、この文明の生命線を握っていたのがディルムンでした。

ディルムンには、この時期、メソポタミア文明のものと比較しても遜色ない城壁都市や神殿が築

†ディルムン　ディルムンは、メソポタミアの神話「大洪水伝説」にも登場する。それによれば、神々は人間を滅ぼすため大洪水を起こすが、人間の王ジウスドゥラ（ヘブライ語聖書のノアに相当）は巨大な船を造り、人間と動物を絶滅の危機から救う。やがて神々はジウスドゥラの功績を

かれ、直径が50メートル、高さが10メートルを超すような巨大な王墓も築造されました。ディルムンの商人が使った印章は、メソポタミアやオマーン半島、インダスさらには現在のアフガニスタン北部、アラビア半島内陸部からも出土し、彼らの活動範囲の広さがうかがい知れます。

しかし、ディルムンは前1700年ごろに急速に衰退し、城壁都市や神殿が廃絶され、巨大な王墓も造られなくなります。メソポタミアの文献からも前1745年にディルムンから銅を輸入したという記録を最後に、ディルムンの名は姿を消します。一体、何が起きたのでしょうか?

ディルムンが最盛期を迎えた前2千年紀前半、メソポタミア南部はさまざまな王国が群雄割拠した時代でしたが、これら諸王国には、ペルシア湾の海上交易を独占する力はなく、ディルムンはこの隙をついて海上交易を支配したのです。

しかし、前1761年に、バビロンのハンムラビが西方との交易を牛耳っていたマリを打倒し、メソポタミアを統一します。その結果、銅の一大産地であった地中海東部のキプロス島と、メソポタミア南部を直接むすぶ交易ルートが新たに開拓されます。

ディルムンがもたらした商品のなかでもっとも重要な商品は、オマーン半島の銅でした。しかし、キプロス島の銅が大量にユーフラテス川を下ってメソポタミア南部に流入するようになると、ディルムンがもたらす銅は次第に売れなくなっていきました。これが経済的な危機をもたらし、ディルムンの社会は衰退していったと考えられています。

その後数百年経ち、ディルムンの名は、再びメソポタミアの文献に登場します。しかし、その後のディルムンは、ペルシア湾の海上交易に目をつけたカッシート王朝†といった大国によって支配され続け、かつての輝きを取り戻すことはありませんでした。

【安倍雅史】

認め、彼に永遠の命と海の彼方にある楽園ディルムンを与えた。

†カッシート王朝　民族系統不明のカッシート人が打ち立てた王朝。前15世紀から前12世紀までメソポタミア南部を支配した。カッシート王家は、エジプトやヒッタイトの王家などと外交関係を持ち、政略結婚を取りむすび、贈答品を送り合っていた。

古墳の王国

バーレーンは古墳の島としても有名であり、この時代に7万5000基もの古墳が築かれている。ディルムンの人々を埋葬したこの古墳群は、世界文化遺産に登録されている。

④カルザカン古墳群：ディルムンの古墳群の一つ。まさに足の踏む場もないほどに古墳が広がっている。1基につき1人ずつ埋葬されている。

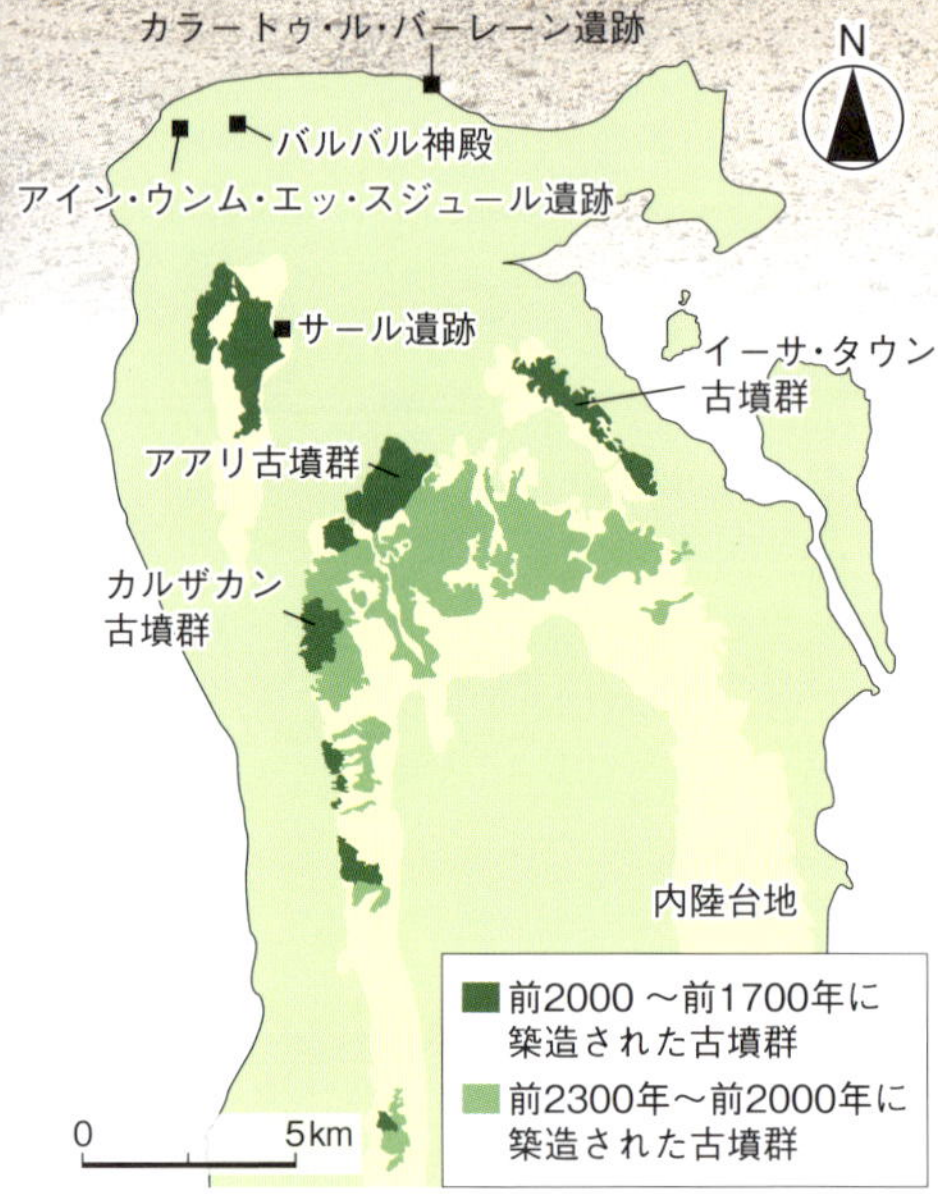

バーレーンに残るディルムン関連の遺跡

14基の巨大な王墓

⑤アアリ王墓群：アアリ古墳群の北辺には、直径が50m、高さが10mを超すような巨大な古墳が14基存在し、ディルムンの王墓だと考えられている。

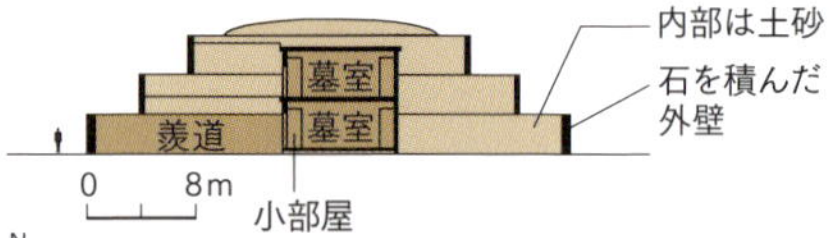

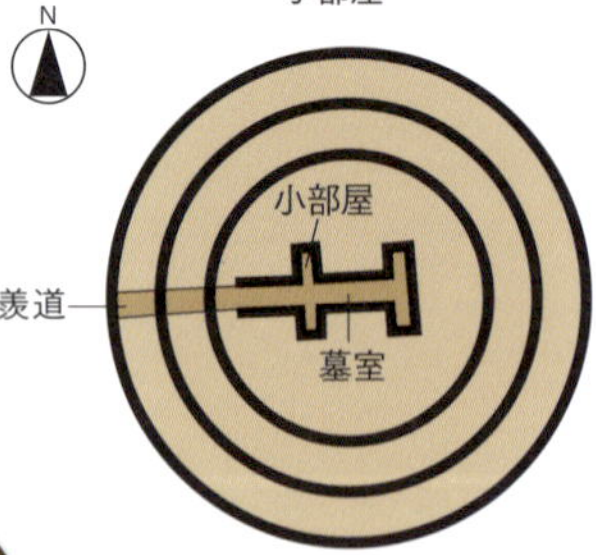

⑥ディルムンの王墓の復元図：現在、古墳は内部の土が流出し土饅頭形をしているが、築造当初はドラムを三段重ねにしたピラミッド状を呈していた。内部には王の遺体を納めた墓室が存在する。

水神を祀る神殿

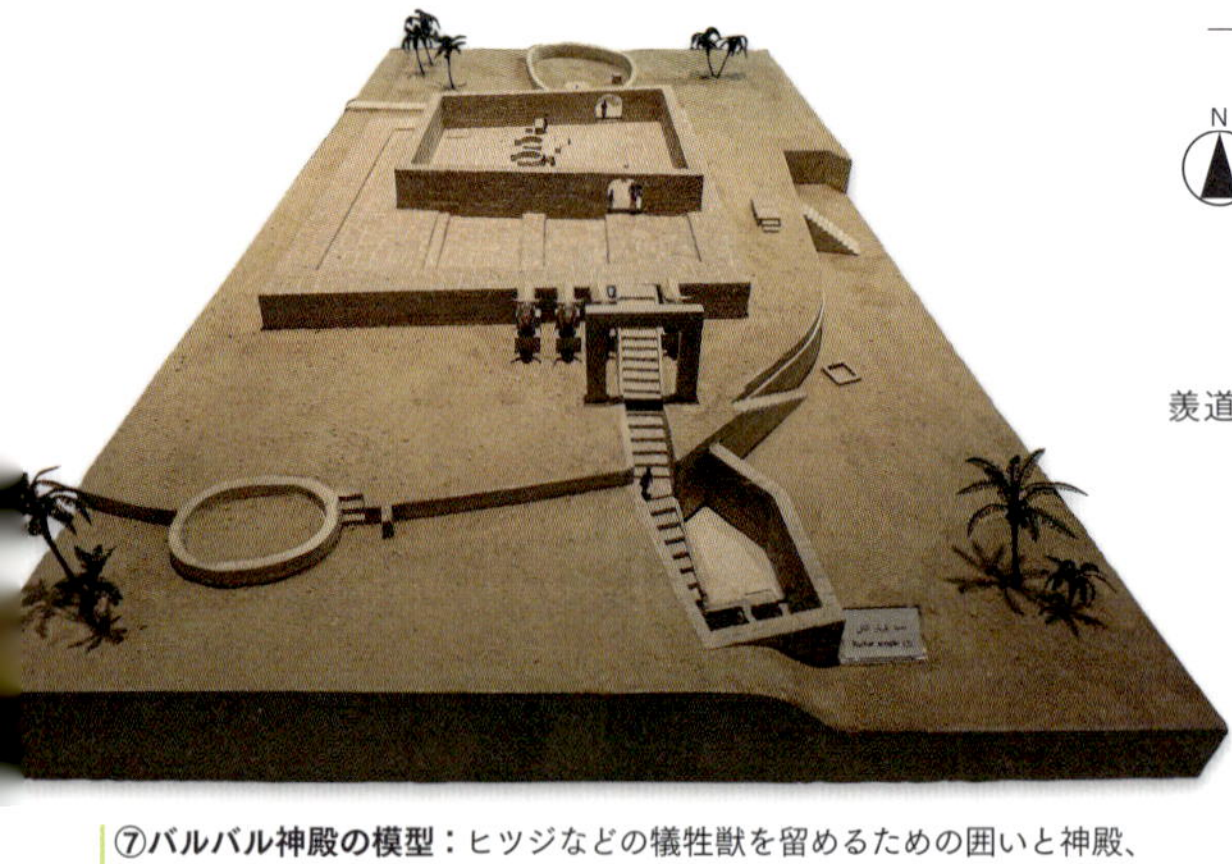

⑦バルバル神殿の模型：ヒツジなどの犠牲獣を留めるための囲いと神殿、そして井戸状遺構からなる神殿址。発掘当初は井戸から滾々（こんこん）と水が湧き出し、水神を祀った神殿だったと解釈されている。

21 バーレーンに残されたディルムンの遺産

ディルムンは、前2000年から前1700年にかけて、メソポタミア南部とオマーン半島、インダスをむすぶ海上交易を独占し繁栄した王国である。ペルシア湾に浮かぶ小さな島国バーレーンには、当時の城壁都市や神殿、王墓などの遺跡が残されており、ディルムンの栄華を今に伝えている。

ディルムンが栄えた範囲

交易で栄えた王国

①**ディルムン式印章：**ディルムンの人々が利用したハンコ。円形をしたスタンプ式印章で、契約の書かれた粘土板に押印したり、商品を封印するのに用いられた。印面には、中央に人、その両脇にガゼル、人の頭の後方に三日月が刻まれている。

数千人を有した城壁都市

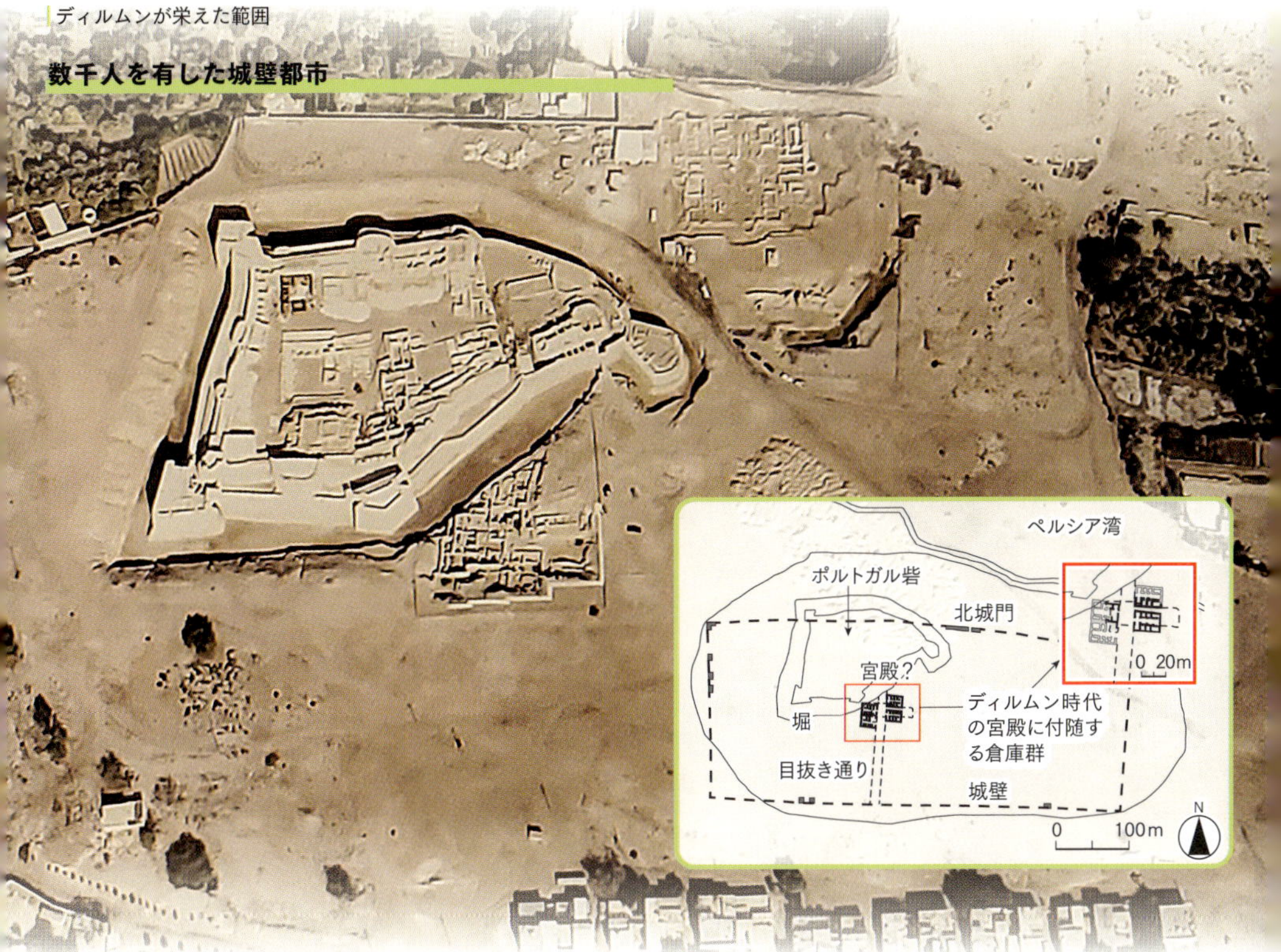

②**カラートゥ・ル・バーレーン遺跡：**ディルムンの王都が眠る遺跡。ペルシア湾岸最大級のテルであり、テルの上には16世紀にこの地に進出したポルトガル人が建設した砦がそびえ立っている。

③**ディルムンの王都の復元図：**矩形の城壁によって囲まれた都市の大きさは15ha、数千人の人口を有していた。中心部からは、南北に走る幅12mの目抜き通りと宮殿に付随した倉庫群が発掘されている。

22

中央アジア

オクサス―もう一つの大河文明―

ヒンドゥークシュ山脈やパミール高原にその源を発し、ウズベキスタンやトルクメニスタンなどを経てアラル海に注ぐ大河アム・ダリヤは、古代ギリシア人から「オクサス」とよばれました。前２２５０～前１７００年ごろ、このアム・ダリヤ川流域に大規模な公共建物と周壁からなる都市文化が繁栄します。大河沿いに発達したほかの文明になぞらえて、この都市文化はオクサス文明とよばれています。

オクサス文明はよく「謎」の文明と言われます。それは、この都市文化がメソポタミアやエジプトのような独自の文字を生み出さなかったことが大きな要因の一つでしょう。また、メソポタミアの楔形文字資料にもオクサス文明の諸都市に関する明確な記述は見あたりません。ラピスラズリや錫など貴重な鉱物資源を産するオクサス文明の繁栄については、メソポタミアとオクサスの長距離交易を仲介したメルッハ†やマルハシ（第18章参照）あるいはエラム（第17章参照）の商人によって断片的な情報が伝えられただけだったようです。古代オリエント世界の人々の目にも、オクサス文明は遠く離れた東方の「謎」の文明と映っていたことでしょう。

オクサス文明最大の都市は、トルクメニスタンのムルガブ川下流のデルタ地帯に位置するゴヌル遺跡です。都市全体の大きさは約１３０ヘクタール、東京ドーム28個分ほどもあります。これは同

†メルッハ　メソポタミアの海洋交易の相手として前２３５０年ごろから楔形文字資料に登場する地域名。インダス文明が栄えた現在のインド北西部・パキスタン周辺を指すと考えられている。

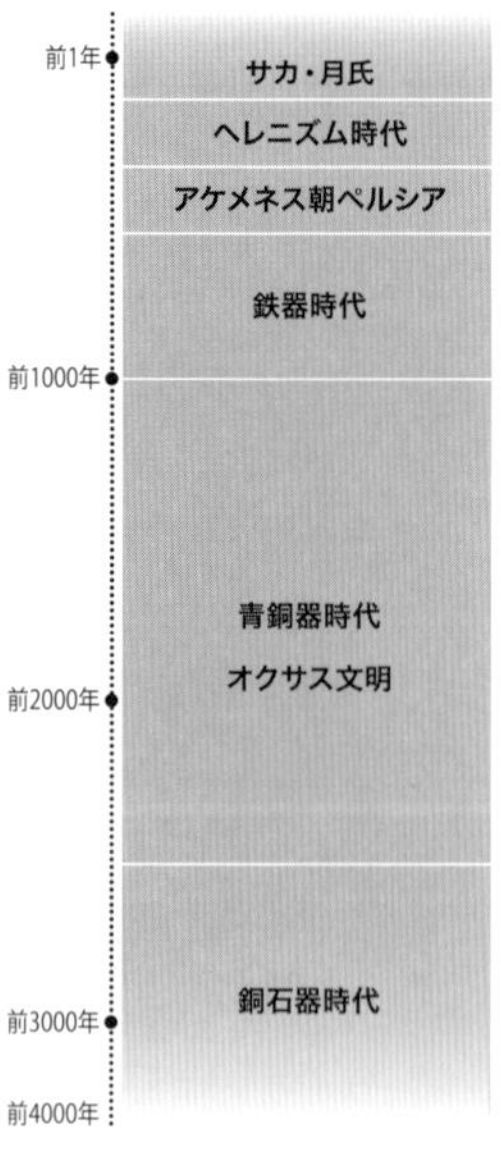

時期のメソポタミア（ウル第3王朝）の首都ウルにも肩を並べるほどの大きさです。都市の中心部は幅1メートルの楕円の周壁で囲まれ、中心部に位置する建物はさらに二重の方形の城壁で囲まれています。この二重の城壁にはいくつもの塔が備わり、内側にある王宮と神殿の防御力の向上に役立っていました。このような防御用の塔は、ほかのオクサス文明の公共建物にも広くみられます。

この都市の南東端では、王墓とみられる大規模な地下墓も複数発見されました。墓には数々の金銀製品、メノウやラピスラズリの装飾品、あるいは四輪車などが副葬されていたほか、殉死者も多数埋葬されており、支配者の権力の強大さが感じられます。

オクサス文明の繁栄の原動力は周辺地域との交易にあったと考えられています。例えば、ゴヌル遺跡からはインダス文字が刻まれた印章のほか、エッチング（腐食加工）された紅玉髄製のビーズやインドゾウの象牙で作られたゲーム盤、装飾品など、インダス文明との強いむすびつきを示す遺物が出土しています。一方、オクサス文明の遺物を代表する石製の女性像は、メソポタミアのシュメール初期王朝時代†に特徴的なカウナケス†をまとっています。さらに、印章のモチーフにはエラムやシリア・アナトリア地方と類似したものも多く、オリエント各地の文明の影響を強く受けていることも明らかです。また、北方のステップ地帯のアンドロノヴォ文化†の青銅器や土器も出土することから、この地域の牧畜民とも交流があったこともわかっています。

前1700年ごろ、突如この都市文化は衰退しはじめます。都市の規模や遺跡の数が減少し、建物も小型で単純なものとなります。墓にも豪華な副葬品がみられません。この衰退の背景として、人口の飽和状態、環境悪化、交易の衰退、北方のアンドロノヴォ系牧畜民の侵入などの原因が挙げられています。

【久米正吾】

†**シュメール初期王朝時代**　メソポタミア南部各地に都市国家が成立し、シュメール人による最初の王朝が築かれた時代の考古学的時代区分。前2900〜前2350年ごろ。

†**カウナケス**　毛房が垂れるように織られた毛織物。

†**アンドロノヴォ文化**　前2千年紀にウラル山脈東麓からイェニセイ川にかけての草原地帯を中心に広範囲に広がる青銅器文化。

王の威光を物語る副葬品

③王墓の出土品：ゴヌル遺跡の王墓からは、金銀器が多数発見された。写真手前の円筒形の容器はゴヌル遺跡出土品のマスターピースの一つであるフタコブラクダが浮彫された銀器。このほか、青銅製のリムをもつ車輪や牽引用のウマやラクダの骨などが見つかった。

④「バクトリアの王女」：オクサス文明を代表する遺物が「バクトリアの王女」ともよばれるカウナケス（毛房が垂れるように織られた毛織物）をまとった女性像である。クロライト（緑泥石）と石灰岩で作られ、墓の副葬品として用いられた。

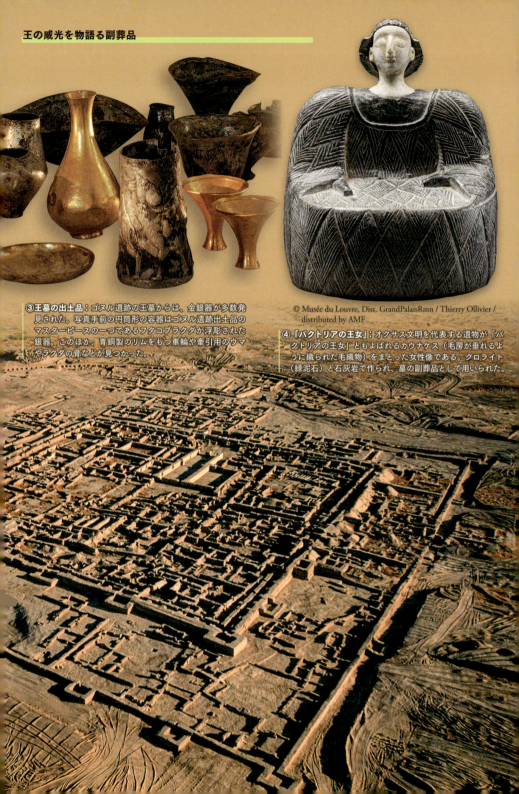

22 オクサス文明最大の都市・ゴヌル遺跡

オクサス文明は、前2250～前1700年ごろ、中央アジアの大河アム・ダリヤ沿いに広がった都市文化である。最大の都市ゴヌル遺跡は、現在のトルクメニスタン、ムルガブ川下流のデルタ地帯に位置している。2004年から2005年にかけての調査で王墓が発見され、金銀器など数多くの威信財が見つかった。

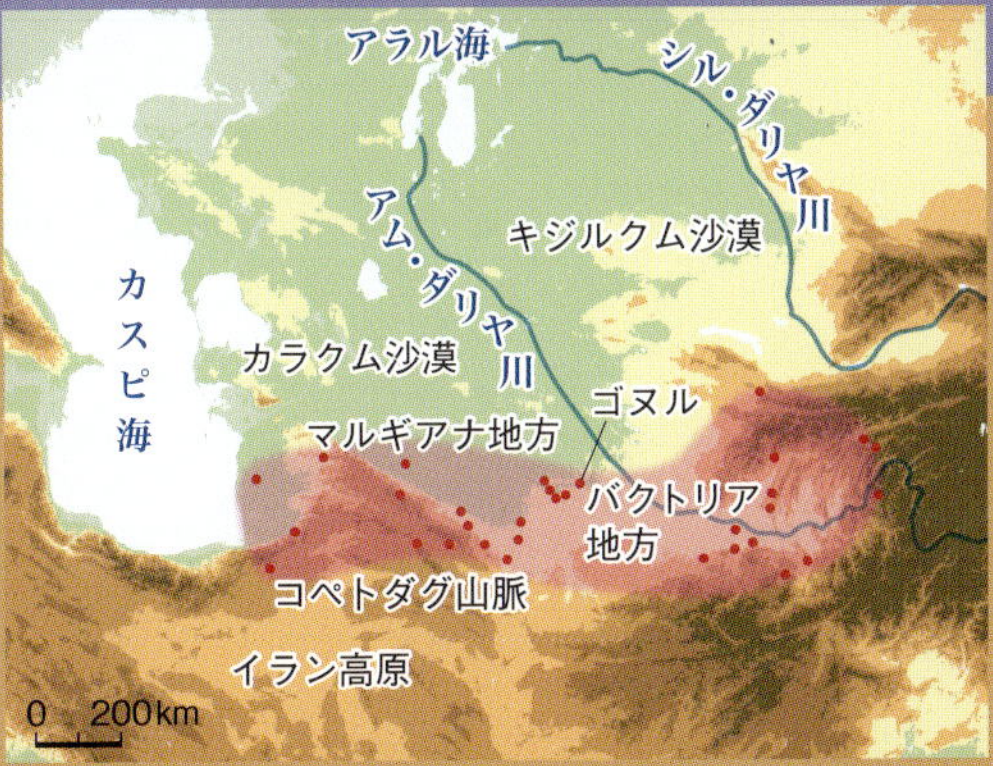

ゴヌル遺跡の位置とオクサス文明の主要遺跡の分布範囲： ゴヌル遺跡をはじめとしたオクサス文明の主要遺跡はカラクム砂漠の南縁のオアシス地帯からアムダリヤ川上・中流域にかけて広がった。

中央アジアのオアシスに栄えた謎の文明

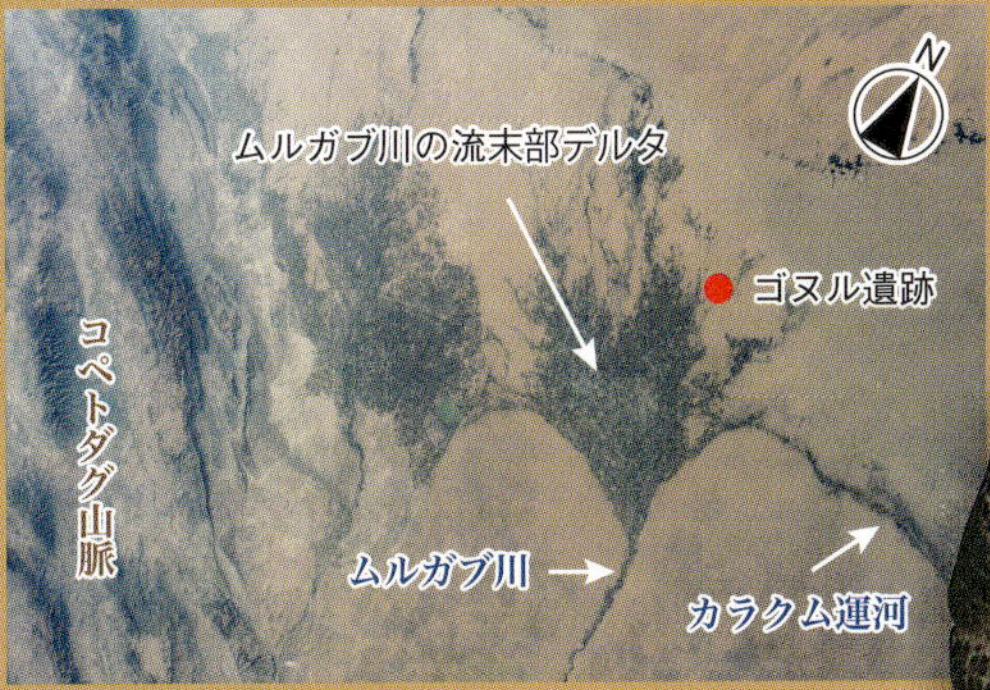

①上空から見たムルガブ川： ゴヌル遺跡が位置するムルガブ川の流末部デルタ（写真右。左はハリー川のデルタ）。河川水はここでカラクム砂漠に吸い込まれる。このデルタ地帯は、古名ではマルギアナあるいはマルグシュ地方とよばれる。

王宮と神殿をもつ城壁都市

⑤ゴヌル遺跡の王宮と神殿： 二重の城壁が巡っており、外側の城壁は一辺200mほどある。内城が王宮として使用されたと推定されている。内側と外側の城壁の間には複数の神殿が建立されていた。

②オクサス文明の男性像： 人間の顔と蛇の鱗に覆われた体を持つ。メソポタミアと同じく、オクサス文明では人間と動物の性質をあわせ持つ像や存在は、超自然的な力を持つと考えられていた。

②植誠一郎撮影、アナトリア考古学研究所提供
③④⑤⑥⑦⑧⑨松村公仁撮影、アナトリア考古学研究所提供
【13】
①上：増渕麻里耶撮影、下：アナトリア文明博物館蔵
② Muhly, J. D., R. Maddin, T. Stech and E. Özgen 1985. Iron in Anatolia and the Nature of the Hittite Iron Industry. *Anatolian Studies*, Plate IX (b) より作成
③アナトリア文明博物館蔵
④ Özgüç, T. 2003. *Kültepe Kaniš / Neša : the earliest international trade center and the oldest capital city of the Hittites.* The Middle Eastern Culture Center in Japan, Turkey, p. 258, fig. 290, 291.
⑤⑥⑦⑧増渕麻里耶撮影
【14】
①古代オリエント博物館蔵／②⑤⑨⑩津本英利撮影
③⑦⑧アナトリア文明博物館蔵
④カマン・カレホユック考古学博物館蔵／⑥下釜和也撮影
【15】
①竹内茂夫作成／②原品はアシュモレアン博物館蔵
③Cheyne, T. K. and J. Sutherland Black 1903. *Encyclopaedia Biblica.* Morang, Toronto, p. 1213, Fig. 2.
④ウォルターズ博物館蔵
⑦原品は大英博物館蔵
⑧聖書の土地博物館蔵、https://commons.wikimedia.org/wiki/File: Bible-Lands-Museum-Khirbet-Qeiyafa-30244.jpg by Bukvoed is licensed under CC BY 4.0 <https://creativecommons.org/licenses/by/4.0/deed.en>, via Wikimedia Commons.
⑨原品はベイルート国立博物館蔵
⑩東海大学文明研究所蔵、資料番号SK50
⑪原品はコリント考古学博物館蔵
【16】
①Nabiel Al Shaikh氏提供／②③④⑤⑥⑦安倍雅史撮影
⑧柴田みな氏作図／⑨藤井純夫氏撮影提供
⑪古代オリエント博物館蔵（レプリカ）
⑫ https://commons.wikimedia.org/wiki/File:Al-Khazneh,_Petra,_Jordan.jpg by Vyacheslav Argenberg is licensed under CC BY 4.0 <https://creativecommons.org/licenses/by/4.0/deed.en>, via Wikimedia Commons.
【17】
①Hossein Azizi Kharanaghi氏提供、イラン国立博物館蔵
②https://commons.wikimedia.org/wiki/File:Shush_Castle_Darafsh_(29).jpg by Darafsh is licensed under CC BY-SA 3.0 <https://creativecommons.org/licenses/by-sa/3.0/deed.en>, via Wikimedia Commons.
③ルーブル美術館蔵／④⑤⑦Hossein Azizi Kharanaghi氏提供
⑥Hossein Azizi Kharanaghi氏提供、イラン国立博物館作成
【18】
①⑩Nasir Eskandari氏提供
②左：https://commons.wikimedia.org/wiki/File:Konar_Sandal_B-_South_mound-_Jiroft-Kerman-ID510-_%D8%AA%D9%85_%DA%A9%D9%86%D8%A7%D8%B1_%D8%B5%D9%86%D8%AF%D9%84_%D8%A8_-%D8%AA%D9%BE%D9%87_%D8%AA%D9%88%D8%AC%D8%A7-%D8%AA%D9%BE%D9%87_%DA%86%D9%86%D9%88%D8%A8%DB%8C.jpg by Mhsheikholeslami is licensed under CC BY-SA 4.0 <https://creativecommons.org/licenses/by-sa/4.0/>, via Wikimedia Commons. 右：Madjidzadeh, Y. and H. Pittman 2008. Excavations at Konar Sandal in the Region of Jiroft in the Halil Basin: First Preliminary Report (2002–2008). *Iran*, 46/1, Fig. 6をもとに作成
③*National Geographic History* January / February 2021, 24頁の写真をもとに作成
④⑤Nasir Eskandari氏提供、ジーロフト博物館蔵
⑥Nasir Eskandari氏提供、Eskandari, N., M. Shafiee, A. A. Mesgar, F. Zorzi and M. Vidale 2022. A Copper Statuette from South-Eastern Iran (3rd Millennium B.C.). *Iran and the Caucasus* 26, Fig. 3.
⑦Hossein Azizi Kharanaghi氏提供、イラン国立博物館蔵
⑧Nasir Eskandari氏提供、Vidale, M. and N. Eskandari 2023. The 'Bee-Bull' that Whirled Clockwise: An Openwork Copper Seal-Pin of The Halil Rud Civilization. In *The Archaeology of the South-Eastern Iranian Plateau Essays in Honor of C.C. Lamberg-Karlovsky for his 85th Birthday*, Fig. 1.
⑨Nasir Eskandari氏提供、Eskandari, N., F. Desset, M. Shafiee, M. Shahsavari, S. Anjamrouz, I. Caldana, A. Daneshi, A. Shahdadi and Massimo Vidale 2021. Preliminary Report on the Survey of Hajjiabad-Varamin, a Site of the Konar Sandal Settlement Network (Jiroft, Kerman, Iran). *Iran*, 61/2, Fig. 30.
【19】
ダレイオス1世の治世（前522～前486年）におけるアケメネス朝ペルシアの領域：Benoit, A. 2003. *Art et archéologie: Les civilisations du Proche-Orient ancient.* Réunion des musées nationaux, Paris, p. 662, Fig. 297をもとに作成
①メトロポリタン美術館蔵／②③④⑤⑥下釜和也撮影
【20】
①③⑤⑥⑧⑨三木健裕撮影／②Michele Degli Esposti氏提供
④Frifelt, K. 1975. On Prehistoric Settlement and Chronology of the Oman Peninsula. *East and West*, 25, 3/4, Fig. 2をもとに作成
⑦Stephanie Döpper氏提供
【21】
①⑤Steffen Laursen氏提供
②カラートゥ・ル・バーレーン博物館提供
③Laursen, S. and P. Steinkeller 2017. *Babylonia, the Gulf Region, and the Indus.* Winona Lake, Eisenbrauns, Fig. 9を改変
④安倍雅史撮影
⑥Laursen, S. 2017. *The Royal Mounds of A`ali in Bahrain.* Aarhus University Press, Aarhus, Fig. 305を改変
⑦バーレーン国立博物館蔵
【22】
ゴヌル遺跡の位置とオクサス文明の主要遺跡の分布範囲：Cunliff, B. 2015. *By Steppe, Desert, and Ocean: The Birth of Eurasia.* Oxford University Press, Fig. 4.9をもとに作成
① https://www.flickr.com/photos/72482589@N07/43624361635 by EESA/A.Gerst is licensed under CC BY-SA 3.0 <https://creativecommons.org/licenses/by-sa/3.0/igo/deed.ja>, via Flickr.
②メトロポリタン美術館蔵
③⑤© Kenneth Garrett Photography
④ルーブル美術館蔵
※上記以外は執筆者による作成、あるいはフリー素材を利用した。

図版の出典・掲載資料の所蔵先

【カバー】
ペルセポリス：© iStock/BornaMir
クロライト製容器：Nasir Eskandari氏提供、ジーロフト博物館蔵
金製のブレスレット：カリアリ国立考古学博物館蔵
象形文字と楔形文字が刻まれた印章：ウォルターズ博物館蔵

【扉】
上：Nasir Eskandari氏提供、ジーロフト博物館蔵
下：カリアリ国立考古学博物館蔵

【01】
①アナトリア文明博物館蔵／②古代オリエント博物館蔵
③メトロポリタン美術館蔵／④バガーサラー遺跡出土、マハーラージャ・サヤージーラーオ大学考古学・古代史学科蔵

【02】
① https://commons.wikimedia.org/wiki/File:Cedar_of_Lebanon_(Cedar_of_God),_Lebanon.jpg by Vyacheslav Argenberg is licensed under CC BY 4.0 <https://creativecommons.org/licenses/by/4.0/>, via Wikimedia Commons.
②馬場匡浩撮影／③徳永里砂氏提供／④下釜和也撮影
⑥⑦⑪安倍雅史撮影／⑧上杉彰紀撮影
⑨東京文化財研究所提供
⑩ https://commons.wikimedia.org/wiki/File:AMUDARIA2015-2.jpg by Teogomez is licensed under CC BY-SA 4.0 <https://creativecommons.org/licenses/by-sa/4.0/deed.en>, via Wikimedia Commons.
⑫津本英利撮影

【03】
日本隊による現地調査がおこなわれた遺跡：西アジア考古学会編2020『第27回西アジア発掘調査報告会報告集』、7頁をもとに作成
①古代オリエント博物館提供
②③④東京大学総合研究博物館提供／⑤大村幸弘氏提供
⑥藤井純夫氏提供／⑦河合望氏提供
⑧テル・レヘシュ調査団提供／⑨Robert Zukowski氏提供
⑩西藤清秀氏提供

【04】
①④⑤⑨⑩赤司千恵氏提供／②西秋良宏氏提供
③エジプト考古学博物館蔵／⑥⑦⑧小髙敬寛撮影
⑪有村誠氏提供／⑫馬場匡浩撮影

【05】
① © iStock/coddy ／②大英博物館蔵／③沼本宏俊氏撮影
④⑤⑥メトロポリタン美術館蔵
⑦三枝朝四郎氏撮影、古代オリエント博物館提供

【06】
①②⑤⑥馬場匡浩撮影／③馬場匡浩作成
④ https://commons.wikimedia.org/wiki/File:CairoEgMuseumTaaMaskMostlyPhotographed.jpg by Roland Unger is licensed under CC BY-SA 3.0 <https://creativecommons.org/licenses/by-sa/3.0>, via Wikimedia Commons.

【07】
①②③上杉彰紀撮影
④左：バナーワリー遺跡出土、ヴィヴェーク・ダーンギー氏蔵、右：ファルマーナー遺跡出土、デカン大学考古学科蔵
⑤カーンメール遺跡出土、ラージャスターン・ヴィディヤピート大学考古学科蔵
⑥ファルマーナー遺跡出土、デカン大学考古学科蔵
⑦カトーレック蔵
⑧上：バガーサラー遺跡出土、マハーラージャ・サヤージーラーオ大学考古学・古代史学科蔵、下：ファルマーナー遺跡出土、デカン大学考古学科蔵
⑨バガーサラー遺跡出土、マハーラージャ・サヤージーラーオ大学考古学・古代史学科蔵
⑩⑫ハリヤーナー州所在の遺跡出土、ヴィヴェーク・ダーンギー氏蔵
⑪カーンメール遺跡出土、ラージャスターン・ヴィディヤピート大学考古学科蔵

【08】
①Herzog, Z. 1997. *Archaeology of the City: Urban Planning in Ancient Israel and Its Social Implications.* Emery and Claire Yass Archaeology Press, Tel Aviv, Fig. 4. 25をもとに作成
②④間舎裕生撮影／③テル・レヘシュ調査団提供
⑤ https://commons.wikimedia.org/wiki/File:Tel_Dan_Canaanite_Gate_1.jpg by Hanay is licensed under CC BY-SA 3.0 <https://creativecommons.org/licenses/by-sa/3.0/deed.en>, via Wikimedia Commons.
⑥ハイファ国立海洋博物館蔵／⑦イスラエル博物館蔵

【09】
①Breasted, J. H., ed. 1930. *Medinet Habu I: Earlier Historical Records of Ramses III.* Oriental Institute Publications 8, The University of Chicago Press, Chicago, pl. 37の一部を切り抜き
②③④⑦⑧小野塚拓造撮影／⑤Dafna Langgut氏提供
⑥中野晴生氏撮影

【10】
フェニキア人の地中海航路の一例：栗田伸子・佐藤育子2016『通商国家カルタゴ』講談社、116頁の図をもとに作成
①③カリアリ国立考古学博物館蔵／②⑦⑧佐藤育子撮影
④大英博物館蔵
⑤原品はルーブル美術館蔵(図は壁画の一部をトレースして編集部で作成)
⑥Layard, A. H. 1849. *The Monuments of Niniveh.* John Murray, London, pl. 71の一部を切り抜き

【11】
聖書に関連する遺跡（エルサレム周辺）：A・マザール2003『聖書の世界の考古学』リトン、238頁の地図をもとに作成
① https://barhama.com/ajaxzoom/viewer/viewer.php?zoomDir=/pic/AleppoWM/&example=viewer5 の画像キャプチャーより作成（2-9-r）
②Julius Schnorr von Carolsfeldによる聖書（ヨシュア記）掲載の木版画、1860年
④ https://commons.wikimedia.org/wiki/File:Jericho-2-120-tel-sultan.jpg by Bukvoed is licensed under CC BY 4.0 <https://creativecommons.org/licenses/by/4.0/deed.en>, via Wikimedia Commons.
⑤ https://commons.wikimedia.org/wiki/File:JRSLM_300116_Tel_Dan_Stele_01.jpg by Oren Rozen is licensed under CC BY-SA 4.0 <https://creativecommons.org/licenses/by-sa/4.0/deed.en>, via Wikimedia Commons.
⑥大英博物館蔵

【12】
①永金宏文氏作図

シリーズ「古代文明を学ぶ」

刊行にあたって

文明とは何かについて考えたことがあるでしょうか。

その定義については、過去1世紀以上もの間、さまざまな見方が提示されてきました。シリーズ「古代文明を学ぶ」では、文明の本質は現代のように複雑きわまる社会を支える仕組みにあると捉えます。人類は、数百万年も前に現れた当時、はるかに単純な社会を営んでいたはずです。では、いったい、いつから、複雑な社会への道筋が生まれ、「文明」ができあがったのか。

文明の起点を理解するには、長い社会変化の枝葉をそぎ落として根源を考察できる考古学が有効です。古代文明が早くに誕生した地域に出向き、その経緯を現場で調べる研究を日本人考古学者が本格的に開始したのは1950年代です。未曾有の惨事となった世界大戦をもたらした「文明」について再考しようという世界的な動向の一部でもあったと伝わっています。

嚆矢となったのは、新旧両大陸における古代文明の起源を比較研究するという壮大なテーマを掲げて、それぞれの大陸で最古の文明痕跡を有する地域に派遣された2つの調査団でした。そして、中東のメソポタミア（1956年）、南米のアンデス（1958年）で長期的な調査が開始されました。以後、日本人による現地調査はめざましい発展をとげ、世界各地で花開いたユニークな古代文明を解き明かすべく数十カ国で現地研究を展開するにいたっています。

本シリーズは、各地の古代文明研究の最先端をお示しするものです。第一線で活躍する日本人研究者によるナラティヴをとおして、海外での考古学調査の意義や興奮、感動とともに最新の調査成果をお届けします。

文明の成り立ちを学ぶことは、現代社会を支える仕組みの由来を理解することにほかなりません。また他地域の文明を学ぶことは、みずからの社会の特質について考えることに直結します。本企画が時空を超えた対話の機会を提供し、文明社会がよってきた道のりと行く末について思いを馳せる舞台となることを念じています。

2023年6月　　　　監修者　西秋良宏

著者紹介

安倍雅史（あべ・まさし）　東京文化財研究所文化遺産国際協力センター・保存計画研究室長
津本英利（つもと・ひでとし）　古代オリエント博物館・研究部長
長谷川修一（はせがわ・しゅういち）　立教大学文学部・教授

小髙敬寛（おだか・たかひろ）　金沢大学国際基幹教育院・准教授
下釜和也（しもがま・かずや）　千葉工業大学地球学研究センター・研究員
馬場匡浩（ばば・まさひろ）　早稲田大学考古資料館・学芸員
上杉彰紀（うえすぎ・あきのり）　鶴見大学文学部文化財学科・准教授
間舎裕生（かんしゃ・ひろお）　天理大学附属天理参考館・学芸員
小野塚拓造（おのづか・たくぞう）　東京国立博物館・主任研究員
佐藤育子（さとう・いくこ）　日本女子大学文学部・学術研究員
松村公仁（まつむら・きみよし）　中近東文化センター附属アナトリア考古学研究所・研究員
増渕麻里耶（ますぶち・まりや）　京都芸術大学芸術学部・教授
竹内茂夫（たけうち・しげお）　京都産業大学文化学部・教授
有松　唯（ありまつ・ゆい）　広島大学大学院人間社会科学研究科・准教授
三木健裕（みき・たけひろ）　慶應義塾大学文学部・助教
久米正吾（くめ・しょうご）　金沢大学古代文明・文化資源学研究所・客員研究員

装　幀　コバヤシタケシ
本文レイアウト　菊地幸子
図　版　松澤利絵

シリーズ「古代文明を学ぶ」
古代オリエントガイドブック

2024年9月10日　第1版第1刷発行

編　者　安倍雅史・津本英利・長谷川修一
発　行　新泉社
東京都文京区湯島1－2－5　聖堂前ビル
TEL 03（5296）9620／FAX 03（5296）9621

印刷・製本　三秀舎

ISBN978-4-7877-2313-0　C1022

シリーズ「古代文明を学ぶ」

古代文明の魅力と最新研究成果を第一線で活躍する研究者がビジュアルに解説
A5判96ページ／各巻1800円＋税（年3冊刊行予定、＊は既刊）

メソアメリカ文明ガイドブック＊　市川彰
インダス文明ガイドブック＊　上杉彰紀
古代オリエントガイドブック＊　安倍雅史・津本英利・長谷川修一
アンデス文明ガイドブック　松本雄一
古代メソポタミアガイドブック　小高敬寛・下釜和也
古代朝鮮半島ガイドブック　庄田慎矢
古代エジプトガイドブック　馬場匡浩
古代中国ガイドブック1　久保田慎二
古代中国ガイドブック2　藤井康隆・市元塁
古代東南アジアガイドブック　山形眞理子・丸井雅子・深山絵実梨